Die Wander-Bucket-List BAYERN

Wilfried und Lisa Bahnmüller

✔ **25 Touren, die man einfach gemacht haben muss**

J. BERG

Am Lechfall bei Füssen schimmert das Wasser türkisfarben. (TOUR 13)

Inhaltsverzeichnis

Tourenüberblick 6
Die 25 schönsten Wanderungen in Bayern 8
Einleitung. 10

Der liebliche Norden mit der Fränkischen Schweiz 14

1 Auf den Kreuzberg 16
  Die Extratour in der Rhön

2 Von Volkach über die Mainschleife. 20
  Weinseligkeit mit Weitsicht

3 Zum Schwanberg 24
  Ein Meer aus Reben

4 Rothenburger Mühlen 30
  Im lieblichen Taubertal

5 Von Vierzehnheiligen auf den Staffelberg. 36
  Im Garten Gottes

6 Durchs Ahorntal 42
  Herzstück der Fränkischen Schweiz

7 Aufs Walberla 48
  Von der Keltenburg zur christlichen Wallfahrt

8 Durch die Schwarzachklamm 52
  Wunderwerk der Natur

9 Von Dollnstein nach Eichstätt 56
  Im Naturpark Altmühltal

  Mehrtagestour: Der Altmühltal-Panoramaweg 60
  Im Tal der Täler

Am Staffelberg in Franken (TOUR 5)

Das königliche Schwaben mit dem Allgäu 64

10 Durch den Eistobel 66
Wasser, marsch!

11 Von Oberstdorf nach Gerstruben 70
Ins kleinste Walsertal

12 Über den Zirmgrat 74
Ein Weg – ein Mythos

13 Von Füssen zum Schwansee 80
Königliche Wege

Mehrtagestour: Allgäuer Wandertrilogie 86
Himmelsstürmer, Wasserläufer und Wiesengänger

Der unentdeckte Osten mit Bayerischem Wald 90

14 Auf den Rauhen Kulm 92
Vulkane in Bayern

15 Von Kelheim nach Weltenburg 96
Wanderung mit Flussschifffahrt

16 Zur Burg Falkenstein 102
Felsige Wunderwelt

17 Auf den Großen Arber 106
Der König vom Wald

18 Auf den Lusen 110
Granitblöcke und Glaskunst

19 Durch die Buchberger Leite 114
Ein grünes Paradies

Mehrtagestour: Der Goldsteig 118
Auf historischen Wegen

Der wilde Süden mit den Alpen 122

20 Leichte Variante auf die Zugspitze 124
Höher geht's in Deutschland nicht

21 Über den Eckbauer durch die Partnachklamm 128
Garmischer Wasserwege

22 Rund um die Osterseen 134
Wanderung mit Badespaß

23 Auf den Wendelstein 140
Oberbayerische Landmarke

24 Uferwanderung am Chiemsee 144
Grandioses »Bayerisches Meer«

25 Zur Fischunkelalm 148
Im Angesicht des Watzmanns

Mehrtagestour: Am Maximiliansweg 152
Ein durchwegs königlicher Weg

Register 158
Impressum 160

Tourenüberblick

Tour			👣 km	🕐
1	●	Kreuzberg	13,5 km	4.30 Std.
2	●	Mainschleife Volkach	14 km	4.00 Std.
3	●	Schwanberg	14 km	4.00 Std.
4	●	Rothenburger Mühlen Taubertal	11 km	3.30 Std.
5	●	Vierzehnheiligen–Staffelberg	11 km	3.00 Std.
6	●	Ahorntal	10 km	3.00 Std.
7	●	Walberla	4,5 km	2.30 Std.
8	●	Schwarzachklamm	7,5 km	2.15 Std.
9	●	Dollnstein–Eichstätt	14 km	4.00 Std.
	●	Altmühltal-Panoramaweg	200 km	10 Tage
10	●	Eistobel	6 km	2.00 Std.
11	●	Oberstdorf–Gerstruben	15 km	4.00 Std.
12	●	Zirmgrat	15 km	4.30 Std.
13	●	Füssen–Schwansee	9 km	3.15 Std.
	●	Allgäuer Wandertrilogie	352/406/438 km	53 Tage
14	●	Rauher Kulm	3,8 km	1.20 Std.
15	●	Kelheim–Weltenburg	7 km	2.00 Std.
16	●	Burg Falkenstein	2,6 km	1.30 Std.
17	●	Großer Arber	15 km	5.00 Std.
18	●	Lusen	5,5 km	2.30 Std.
19	●	Buchberger Leite	8 km	2.30 Std.
	●	Goldsteig	660 km	24 Tage
20	●	Zugspitze	0,3 km	2.00 Std.
21	●	Partnachklamm	11,5 km	3.30 Std.
22	●	Osterseen	10 km	2.30 Std.
23	●	Wendelstein	9,8 km	5.30 Std.
24	●	Chiemsee	14,5 km	4.30 Std.
25	●	Fischunkelalm	8 km	2.45 Std.
	●	Maximiliansweg	368 km	22 Tage

▲ Hm	🍴	☺	🏛	❄	☀	🌳	🚡	☀🌊	🚌	🚶
520 Hm	●		●			●			●	
180 Hm	●		●		●				●	
330 Hm			●		●				●	
190 Hm	●	●	●	●	●				●	
300 Hm	●	●	●	●	●				●	
200 Hm	●	●	●			●			●	
200 Hm		●	●	●	●				●	
40 Hm	●	●	●	●					●	
580 Hm	●		●		●			●	●	
4000 Hm	●		●					●	●	●
400 Hm		●	●	●		●			●	
440 Hm	●	●	●		●			●	●	
680 Hm	●		●			●		●	●	
350 Hm		●	●			●		●	●	
17 300/12 000/5500 Hm	●		●					●	●	●
150 Hm	●	●	●	●		●			●	
200 Hm	●	●	●			●			●	
170 Hm	●	●	●			●			●	
800 Hm	●			●		●	●		●	
280 Hm	●	●	●	●		●			●	
50 Hm		●	●			●			●	
7800/10 300 Hm	●		●					●	●	●
25 Hm	●	●	●		●		●		●	
580 Hm	●	●	●	●			●		●	
20 Hm	●	●		●	●			●	●	
1330 Hm	●	●	●		●		●		●	
20 Hm	●	●	●	●	●			●	●	
200 Hm	●	●	●		●			●	●	
12 757 Hm	●		●					●	●	●

Die 25 schönsten Wanderungen in Bayern

Bayern besitzt herrliche Landschaften, wahre Meisterstücke der Natur. Was für ein Vergnügen war es für uns, die 25 schönsten Wanderungen in Bayern zu entdecken, um sie in diesem Buch vorzustellen. Und gleichzeitig hatten wir die Qual der Wahl – Bayern ist definitiv zu groß und zu schön für nur 25 Wanderungen. Wir haben uns daher sehr überlegt für diese 25 Touren entschieden, die über ganz Bayern verteilt liegen. Dabei sind die Wanderungen ganz unterschiedlich: vom einfachen Spaziergang für jedermann bis hin zu ausgedehnten Bergtouren für erfahrene Wanderer. Wichtig war uns, dass man alle Touren mit einer einigermaßen guten Grundkondition selbst nachwandern kann, ohne den Einsatz eines Bergführers zu benötigen.

Natürlich geben wir zu, dass unsere Auswahl nach sehr persönlichen Vorlieben entstanden ist. Aber eines war Voraussetzung für jede der hier vorgestellten Touren: Alle Wanderungen führen stets durch eine wirklich herausragende und einzigartige Landschaft. Dabei können Seen, Wasserfälle, Blumenwiesen, Aussichten, alte Baumbestände oder interessante geologische Begebenheiten eine wichtige Rolle spielen, ebenso die Kombination von Kunst und Kultur oder Stadt und Land.

Die 25 Wanderungen machen natürlich Lust auf mehr, und deswegen haben wir auch bayerische Weitwanderwege für den Norden, Osten, Süden und Westen angegeben – sie gehören zu den schönsten Mehrtagestouren, die es in Bayern gibt, und lassen uns die ausgewählten Regionen noch intensiver erleben. Wir hoffen, Ihnen mit diesem Buch Anregungen zu geben, um Bayerns schönste Wege kennenzulernen. Lassen Sie sich inspirieren, und machen Sie sich auf, diese einzigartigen Landschaften zu entdecken.

Wir wünschen Ihnen viel Spaß und immer eine gesunde Rückkehr!

Lisa und Wilfried Bahnmüller

Magisches Wasser am Königssee im Nationalpark Berchtesgaden (TOUR 25)

Einleitung

Für dieses Buch haben wir die 25 schönsten Touren in Bayern ausgesucht. Manche füllen einen ganzen Tag, andere sind kürzer, und einzelne gleichen einem Spaziergang. Einige bringen uns hoch hinauf in die Berge und sind mit etlichen Höhenmetern verbunden, und andere führen gemütlich über fast ebene Wege.

Gut ausgeschilderte Wege (TOUR 19)

Sicherheit Egal welches Tempo man einschlägt: Alle Wege sind sicherlich zu schaffen. Wobei wir an dieser Stelle unbedingt darauf hinweisen möchten, dass einige der hier vorgestellten Touren sportlichen Charakter besitzen. Dabei führt keine Wanderung über schwierige Wege. Aber natürlich sind die meisten Wege naturbelassen, d. h., sie können nach Regen aufgeweicht und matschig sein, im Sommer vom Gras bewachsen oder im Herbst rutschig durch feuchtes Laub. Wenn es wirklich irgendwo diffizil wird, haben wir es im Infokasten beim Tourencharakter erwähnt.

Sinnvoll für den Notfall ist stets die Mitnahme eines Handys, für das man mittlerweile fast überall in Bayern flächendeckenden Empfang hat.

Wichtig bereits vor der Tourenplanung ist die Wetterbeobachtung, denn Wetterumschwünge gibt es leider immer wieder. Vor allem im Sommer müssen wir besonders am Nachmittag mit Gewittern rechnen. Eine Besonderheit ist in den Waldgebieten die Gefahr des Windbruches. Es bedarf oft keines größeren Windes und schon können von den Bäumen tote Äste abbrechen. Gerade bei Wind müssen wir deshalb unsere Aufmerksamkeit unter Bäumen mit Totholz stark erhöhen.

Blick vom Staffelberg auf das Obere Maintal (TOUR 5)

Und zu guter Letzt: Überprüfen Sie nach dem Wandern Ihren Körper auf Zecken! Fast ganz Bayern ist ein Risikogebiet für FSME und Borreliose. Während es für FSME eine Schutzimpfung gibt, steht für Borreliose kein Impfstoff zur Verfügung, aber sie wird erst nach längerer Saugzeit übertragen. Leider sind Zecken auf dem Vormarsch und für uns Wanderer eigentlich das einzige wirklich gefährliche Tier in der Heimat.

Ausrüstung Feste Wanderschuhe sind Grundvoraussetzung für sicheres Wandern. In den Bergen sind klassische Bergschuhe, die die Knöchel bedecken, von Vorteil. Funktionswäsche ist praktisch: Wenn man schwitzt, trocknet sie schneller. Windstopper, Mütze, Sonnenkappe, aber auch ein Wechselshirt sind nie verkehrt. Für einige der Touren sollte man im Sommer seine Badesachen mitnehmen. Sonnenschutz mit starkem Lichtschutzfaktor gehört auch in den Rucksack, ebenso wie ein Insektenabwehrmittel. Vernünftig ist auch ein kleines Erste-Hilfe-Set mit Rettungsfolie (Fachhandel), das gut im Rucksack liegt und nicht viel Platz wegnimmt. Weniger wichtig, aber schön und praktisch schön sind Fotokamera, Bestimmungsbücher für Flora und Fauna oder ein Taschenmesser.

Mit das Wichtigste beim Wandern ist die Brotzeit. Auch wenn es auf fast allen Touren Einkehrmöglichkeiten gibt, ist doch eine Brotzeit oder ein Picknick ein unvergessliches Glückserlebnis. Da sind der Fantasie und dem Geschmack

Entspannte Stunden im Berchtesgadener Land (TOUR 25)

keine Grenzen gesetzt. Vor allem mit Getränken dürfen wir nicht sparen! In den meisten Orten gibt es einen Supermarkt, eine Bäckerei oder einen Dorfladen, wo wir uns eindecken können. Und Achtung: Öffnungszeiten und Ruhetage der vorgeschlagenen Gasthäuser können sich ändern. Um nicht hungrig und unverrichteter Dinge vor verschlossenen Türen zu stehen, prüft man am besten vorher im Internet die Öffnungszeiten und packt einen Notproviant mit ein. Wir benutzten Brotzeitdosen, auffüllbare Getränkeflaschen und Einwickelpapiere statt Plastik. Jeglichen Abfall nehmen wir immer wieder mit nach Hause, das ist eine Selbstverständlichkeit und braucht eigentlich nicht extra erwähnt zu werden!

Anfahrt Fast alle Ausgangsorte der Touren lassen sich mit öffentlichen Verkehrsmitteln erreichen – eine gute und vor allem umweltverträgliche Alternative zum eigenen Auto, die uns auch eventuelles nerviges Staustehen erspart.

Tourencharakter Die Einteilung in »leicht«, »mittel« und »schwer« dient nur der groben Orientierung, denn erstens sind in diesem Buch Bergtouren mit Flachland-Wanderungen gemischt, und zweitens empfindet das jeder ganz individuell. Für einige von uns sind lange, konditionell anstrengende Touren als »schwer« einzustufen, während andere eher technische Schwierigkeiten, wie z. B. Trittsicherheit, als schwierig empfinden.

Mit der genauen Tourencharakterbeschreibung versuchen wir einen besseren Eindruck zu vermitteln, was man auf dieser Tour zu erwarten hat. Einige der Stellen, an denen Trittsicherheit und Schwindelfreiheit erforderlich sind, lassen sich umgehen. Überdies ist es keine Schande, einen Gipfel auszulassen und lieber an einem weniger exponierten Platz zu rasten, als sich durch Übermut und Fehleinschätzung in eine gefährliche Lage zu begeben. Und auch wenn wir merken, dass wir zeitlich in Verzug kommen, ist es besser umzudrehen, als ein Risiko einzugehen.

Spannung in der Buchberger Leite (TOUR 19)

Gehzeiten und Höhenangaben Wir haben uns sehr um genaue Zeit- und Höhenangaben bemüht. Alle aufgeführten Zeiten verstehen sich als reine Gehzeiten und dienen nur als Richtlinie, Pausen und die Zeit für Besichtigungen muss man extra dazurechnen. Die Höhenangaben beziehen wir aus unseren GPS-Daten.

Von den Weinbergen am Schwanberg blicken wir auf Rödelsee. (TOUR 3)

Der liebliche Norden mit der Fränkischen Schweiz

1

● Mittel    13,5 km    520 Hm    4.30 Std.

Auf den Kreuzberg
Die Extratour in der Rhön

Mit einem »K« ist die Rundtour über den Kreuzberg beschildert. Insgesamt gibt es mehr als 20 verschiedene »Extratouren« in der Rhön, allesamt zertifizierte Premiumwanderwege, die in Schleifen rund um den Weitwanderweg »Hochrhöner« angelegt wurden.

✓ Darum einzigartig

Der Kreuzberg, gekrönt von drei markanten Kreuzen und bestückt mit einer Wallfahrtskirche und dem nicht weniger berühmten Klosterbräu-Gasthaus, gilt als der schönste Aussichtsgipfel in der fränkischen Rhön. Zudem erleben wir im Biosphärenreservat Rhön zwischen den Orten Bischofsheim und Sandberg eine einzigartig schöne Natur.

Von Wallfahrten und Wirtshäusern   Aber nur die Kreuzberg-Extratour führt hinauf zum »heiligen Berg« der Franken, dem 928 Meter hohen Kreuzberg. Mit »Wallfahrt, Wirtshaus und weite Sicht« würde sich die Beschreibung der Tour in wenigen Worten zusammenfassen lassen, aber das würde dem dritthöchsten Gipfel der Rhön nicht gerecht werden, ist doch die Landschaft im Biosphärenreservat mit ihren lichten Buchenwäldern, den trockenen Wiesen und der Artenvielfalt wunderschön.

Quellen im Wald   Aus der Ortsmitte von Sandberg starten wir auf der Hauptstraße nach Norden. Am Ortsende bringt uns ein Radweg zur Straßengabelung. Hier halten wir uns links und erreichen den Wanderparkplatz, den die meisten Autofahrer benützen. Gleich am Wanderparkplatz teilt sich die Straße erneut – noch einmal halten wir uns links und biegen nach wenigen Metern rechts in den Feldweg ein. Jetzt haben wir den Einstieg für die Wanderung auf den Kreuzberg erreicht und folgen nun stets dem roten »K« auf weißem Grund. Anfangs geht es über Wiesen und durch Waldabschnitte. Langsam wird der Weg steiler. Die Quellen am Josten- und am Bettlerbrunnen würden unseren Durst stillen, aber im Wissen darum, dass uns später ein goldgelber Schluck Kreuzbergbier wohl besser mundet, heben wir uns die Rast noch auf.

Auf den Kreuzberg

Die drei Gipfelkreuze sind das Wahrzeichen des Kreuzbergs.

Nach dem Bettlerbrunnen haben wir auch das ärgste Stück des Aufstiegs geschafft, und kurz drauf erreichen wir das Kloster.

Kloster am Kreuzberg Der Legende nach soll schon um 686 am Kreuzberg der heilige Kilian gepredigt haben. Wahrscheinlich gab es auch schon in vorchristlicher Zeit eine Kultstätte auf dem Berg. Seit dem 17. Jahrhundert lebten Franziskaner in ihrem Kloster am Berg, die Brauerei gehörte über Jahrhunderte hinweg wie selbstverständlich dazu. Das Kloster war immer ein Wallfahrtsort, und aus allen Himmelrichtungen pilgern die Gläubigen auch heute noch auf den Berg. Dazu kommen dann noch die »Pilger«, die primär das Bräustüberl ansteuern – auch das gibt einen Sinn, denn von dem Erlös leben die Patres. Nach dem Klosterbiergarten-Besuch wollen wir natürlich noch auf den Gipfel steigen. Direkt gegenüber der Tourist-Info im Bruder-Franz-Haus beginnt der Treppenaufstieg. Die letzten Meter zum Gipfel sind überschaubar, und wenige Minuten später ist es geschafft – wir stehen an den berühmten drei Kreuzen,

Auf den Kreuzberg

Bischofsheim lohnt einen Besuch.

die Fürstbischof Julius Echter im Rahmen der Gegenreformation aufstellen ließ. Sie sind zu einem Wahrzeichen der Rhön-Region geworden.

Abstieg mit Einkehrfreuden Ein kleines Stück weit bleiben wir danach noch in östlicher Wanderrichtung, dann schwenkt unser Weg nach links gen Norden, und wir wandern mit schöner Aussicht über einen Wiesenrücken.

An der Bergstation des Dreitannenlifts zweigt ein Abstecher hinunter zur Gemündener Hütte ab – eine weitere schöne Möglichkeit zur Einkehr, die noch dazu mit der weiten Aussicht über Bischofsheim, Arnsberg und Himmeldunk bis hinüber zur Wasserkuppe punkten kann. Der direkte »K«-Weg wendet sich jedoch vorher nach rechts in Richtung der nächsten Einkehr, dem Neustädter Haus (alle, die zur Gemündener Hütte absteigen, können bei der Hütte dann ebenfalls nach rechts den Weg zum Haus fortsetzen). Von dort folgen wir der Zufahrtsstraße abwärts zum Parkplatz Irenkreuz, wo wir (nomen est omen) ein Steinkreuz vorfinden, das an die Christianisierung Frankens durch irische Mönche erinnert. Im spitzen Winkel führt der Wanderweg nun oberhalb der Kreisstraße nach Süden bis Kilianshof. Den kleinen Weiler erreichen wir schließlich auf seiner Zufahrtsstraße und freuen uns über seine idyllische Lage. Hinter Kilianshof wendet sich der Weg nach rechts, und nun ist es nicht mehr weit bis zu unserem Ausgangspunkt in Sandberg.

✓ Nicht versäumen

Das kleine Städtchen Bischofsheim liegt am nördlichen Ausläufer des Kreuzbergs. Der malerische Marktplatz mit seinen alten Fachwerkhäusern und das Schloss mit seinem weiten Park laden zum Verweilen ein.

 Hier geht's lang

Ausgangs- und Endpunkt: Wanderparkplatz in Sandberg

Tourencharakter: Etwas längere Wanderung mit im Aufstieg z. T. steileren Wegen. Bestens ausgeschildert. Für die Rundtour gibt es alternative Startplätze, Sandberg jedoch liegt am tiefsten Punkt der Wanderung.

Bahn/Bus: Mit dem Zug nach Neustadt an der Saale und weiter mit dem Bus

Auto: A 7 bis Ausfahrt Bad Kissingen/Oberthulba, über Oberthulba links nach Hassenbach und über Burkardroth nach Sandberg. Durch den Ort fahren und am nördlichen Ende links zum Wanderparkplatz

Übernachtung: Das Kloster Kreuzberg bietet im Fürsten- und Antoniusbau modern eingerichtete Gästezimmer.

Einkehr: Nicht versäumen sollten wir die klösterliche Einkehr in der gar nicht so streng klösterlichen Schänke am Gipfel des Kreuzbergs – hier wird die jahrhundertealte Tradition »Glauben und Genießen« gelebt.

Information: www.kloster-kreuzberg.de

 Mittel  14 km  180 Hm 4 Std.

Von Volkach über die Mainschleife
Weinseligkeit mit Weitsicht

Schon vor langer Zeit verhalf der Wein der Gegend um Volkach zum Wohlstand. Das merkt man in allen Dörfern und Weilern, die sich herausgeputzt links und rechts des Mains erstrecken. Volkach ist dabei ein wichtiges Zentrum und liegt direkt an der Mainschleife, die sich bei einer Wanderung über die Vogelsburg gut überblicken lässt.

Darum einzigartig

Hoch über der Volkacher Mainschleife zieht sich der Wanderweg durch die Weingärten und lehrt uns Müßiggang, der sich einzigartig mit Wandern, Besinnen und Genießen verbinden lässt.

Prächtige Mainschleife Wir wandern vom Volkacher Marktplatz am Rathaus vorbei auf der Georg-Berz-Straße über die große Mainbrücke. Auf der anderen Flussseite passieren wir den Bahnhof der Mainschleifenbahn und biegen dann ca. 300 Meter weiter links in die Escherndorfer Straße ab. Dann wählen wir rechts die Blumenstraße und folgen nun der Beschilderung zur Vogelsburg. Links blicken wir über die besten Weinlagen Frankens auf Escherndorf und Nordheim vor dem Kreuzberg, den wir später noch besuchen werden. Die zwei berühmten Weinorte werden durch die Mainschleife voneinander getrennt. Die aussichtsreiche Weinterrasse des Hotel-Restaurants Vogelsburg lockt zu einem ersten Schoppengenuss, und im Selbstbedienungsbereich wird uns dieser Wunsch schnell und unkompliziert erfüllt. Allerdings müssen wir uns den Weingenuss zunächst mit ein paar Stufen zur Burg hinauf erarbeiten.

Rebengesäumte Flaniermeile Wieder unten angekommen, wandern wir glückselig auf der kleinen Straße weiter. Den Weg, der schräg und steil nach Escherndorf hinunterführt, ignorieren wir. Wir staunen über die schöne Aussicht und genießen es, durch die herrlichen Weingärten zu flanieren. Nach ca. 800 Metern verlassen wir unseren Weg und steigen auf einem ganz schmalen Steig parallel zu den Rebstöcken steil nach unten. Wem das zu steil ist, folgt zur

Von Volkach über die Mainschleife

Nicht versäumen dürfen wir die Wallfahrtskirche Maria im Weingarten.

Alternative einfach weiter dem Wirtschaftsweg, der schließlich in einer weiten Linkskurve ebenfalls ins Tal führt. Wir stoßen auf die Straße nach Escherndorf, passieren die Lourdes-Kapelle und erreichen geradeaus die Mainfähre, deren Fährmann uns gegen eine kleine Gebühr nach Nordheim übersetzt – ein abwechslungsreicher Abschnitt unserer Wanderung! Wer jetzt Hunger hat und eine Pause machen möchte, wird sicherlich in Nordheim fündig. Und auch der Mainstrand ist eine perfekte Kulisse für die eventuell mitgebrachte Brotzeit.

Über den Kreuzberg In Nordheim halten wir uns dann rechts und wählen die Sommeracher Straße. Am Ortsende folgen wir der Beschilderung »2a« zur Panoramaplattform, dem Kreuzberg. Ein Steinkreuz markiert den Gipfel über einem Meer aus Weinstöcken. Im Norden schauen wir auf Nordheim, Astheim und Volkach, im Süden ragen die Doppeltürme der Benediktinerabtei Münsterschwarzach in den Himmel. In nordöstlicher Richtung erreichen wir anschließend die Hallburg mit ihrem Biergarten. Dann geht es abwärts zum

Von Volkach über die Mainschleife

Blick von den Weingärten am Vogelsberg auf Escherndorf

Mainkanal, den wir überqueren und sofort links zum Kanalufer absteigen. Während uns die vorbeiziehenden Schiffe und Frachter von fernen Zielen träumen lassen, bringt uns der Uferweg zur Volkacher Mainbrücke. Jetzt ist es nur noch ein Katzensprung bis zurück zur Altstadt. Nach der Wanderung sitzen wir dann mit einem Glas Wein in den Gassen und genießen eine kräftige Brotzeit. So schön kann der Tag in Volkach ausklingen!

✔ Nicht versäumen

Ganz in der Nähe von Volkach liegt die Wallfahrtskirche Maria im Weingarten. Die bis ins späte Mittelalter zurückreichende Ausstattung der Kirche ist weitgehend erhalten geblieben. Der absolute Höhepunkt ist die Madonna im Rosenkranz, die Tilmann Riemenschneider um 1520 schuf: Die Muttergottes schwebt unter dem Chorbogen, ihre feingliedrigen Hände tragen das Jesuskind, und ein Strahlenkranz, in dem musizierende Engel schweben, umgibt ihre Figur.

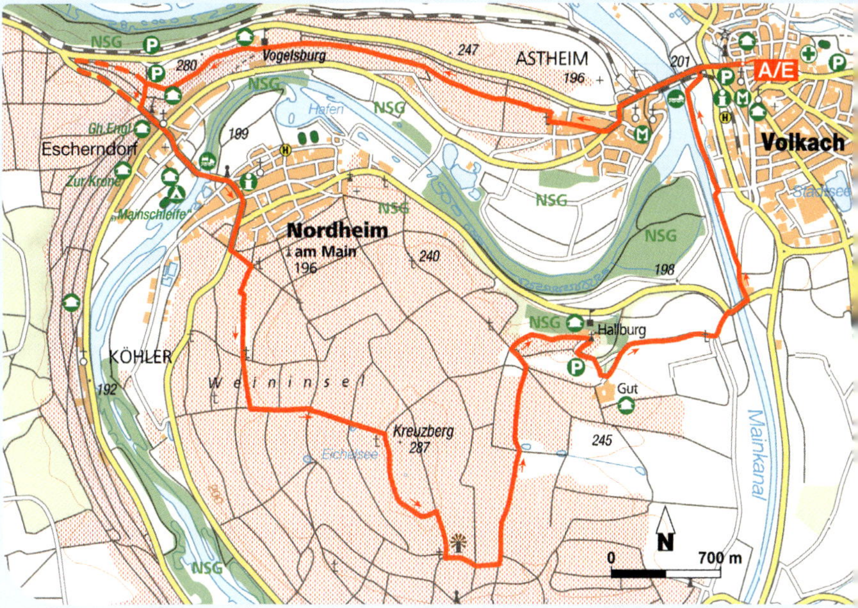

✓ Hier geht's lang

Ausgangs- und Endpunkt: Marktplatz in Volkach

Tourencharakter: Etwas längere, sonnige Wanderung auf meist bequemen, breiten Wegen und kleinen Nebenstraßen

Bahn/Bus: Zahlreiche Busverbindungen aus der Umgebung

Auto: Volkach ist über die A 3, Ausfahrt Kitzingen zu erreichen; große Parkplätze gibt's vor und nach dem Kreisverkehr.

Übernachtung: Am Volkacher Marktplatz befindet sich in einem romantischen Fachwerkhaus das kleine Hotel-Restaurant Behringer (www.hotel-behringer.de).

Einkehr: Zu den Höhepunkten einer Reise nach Franken zählt ein Abendessen auf der Terrasse der Vogelsburg, wenn das warme Abendlicht den Wein im Glas golden leuchten lässt und die Weingärten langsam im Dunkel versinken. Weil wir nicht die Einzigen sind, die das genießen wollen, ist eine Platzreservierung zu empfehlen (www.vogelsburg-volkach.de).

Information: www.volkach.de

3

● Mittel 🚶 14 km ⛰ 330 Hm ⏱ 4 Std.

Zum Schwanberg
Ein Meer aus Reben

Der Schwanberg ist eine herausragende Landmarke im Kitzinger Land. Zwischen Iphofen und Rödelsee liegen seine Hänge ideal in südwestlicher Ausrichtung: die perfekte Voraussetzung für sonnenverwöhnte Reben und Grundlage für besten Wein. Kein Wunder also, dass der Schwanberg zu den besten Weinlagen in Franken gehört.

✓ **Darum einzigartig**

Am Rand des Steigerwalds liegt der markante Schwanberg. In seinem Boden findet sich Gipskeuper – beste Voraussetzung für große Weine mit Charakter. Während der Wanderung geht es deshalb durch einige der besten Weinlagen Frankens. Obendrein gibt es die wirklich einmalig weite Aussicht über die Mainebene und das Kitzinger Land zu genießen.

Über der Mainschleife Wir starten am Marktplatz in Iphofen und wandern über die Breite Gasse zu einem kleinen Durchlass in der Stadtmauer. Nach links queren wir den Herrengraben und biegen gleich danach rechts ein. Vorbei am Stadtsee erreichen wir eine größere Straße, die wir queren. Nun folgen wir zunächst dem Weitwanderweg Steigerwald-Panoramaweg, der uns entlang des Wehrbachs mit seinem Fitness-Parcours und der Kneippanlage zum Waldsee führt. Hier biegen wir rechts ein und wandern durch ein Wäldchen hinauf zur Weinlage »Iphöfer Kalb«. Die wunderschöne Aussicht auf Iphofen und die Weinberge begleitet uns ein kurzes Stück.

Dann geht es, immer noch dem Panoramaweg folgend, links in den Wald, und wir erreichen die Beckahanseiche, die zur Erinnerung an einen verdienten Förster gepflanzt wurde. Wenige Schritte später verlassen wir den Weitwanderweg und wenden uns nach links auf den Wanderweg »i5«, der sich die Strecke mit dem Weitwanderweg Kelten-Erlebnisweg teilt. Bald queren wir an der Bildeiche die Straße, dann geht es wieder ruhig durch den lichten Steigerwald. Unweit des Schlosses Schwanberg verlässt uns der Keltenweg nach rechts, während wir aus dem Wald treten und geradeaus entlang einer Wiese zum Schloss Schwanberg wandern.

Am Marktplatz von Iphofen startet unsere Wanderung.

Schwanberg und sein Park Der Schwanberg ist weit mehr als nur das Schloss. Neben ihm stehen die Kirche St. Michael und ein Einkehrhaus, das zur Communität Casteller Ring, einer geistlichen Frauengemeinschaft, gehört. Natürlich bietet sich ein Rundgang durch den schönen Schlosspark an, den Alexander Graf zu Faber-Castell vor 100 Jahren gestalten ließ. Neben der prachtvollen Lindenallee finden wir hier auch das Mausoleum der Grafen. Bis 2019 gab es das sehr beliebte Café Schwanberg, bei unserer Recherche konnten wir uns noch verwöhnen lassen – wir hoffen, dass sich rasch wieder ein Pächter findet, denn am besten lässt sich die schöne Aussicht schließlich mit einer kleinen Stärkung genießen.

Reben, soweit das Auge reicht Der Abstieg beginnt gegenüber der roten Michaelskirche. Dort führt der Wanderweg zunächst in den Wald hinein. Unser nächstes Ziel ist der Aussichtspunkt Kapellrangen unterhalb des Schlosses, auf dem wir die Ruinen einer Walburgiskapelle erspähen können. Wenn wir uns an der schönen Aussicht sattgesehen haben, wandern wir in einem Bogen um

Zum Schwanberg

Iphofen im Morgenlicht

den Aussichtspunkt herum und queren dann die Auffahrtsstraße zum Schwanberg. Jetzt verlieren wir schnell an Höhe, und vorbei am Eselsbrünnlein geht es abwärts. Schließlich passieren wir noch die Weinbergklause und steigen die letzten Stufen zu den Weinlagen oberhalb von Rödelsee hinab. Jetzt erst einmal stehen bleiben, durchschnaufen und genießen – die Aussicht ist einfach grandios: Unzählige Rebenreihen liegen wie ein weites Meer vor uns; in Reih und Glied geben sie der weiten Landschaft ein geometrisches Muster.

Magische Landschaften Diesen Ausblick wollen wir so lange wie möglich genießen und folgen deshalb nun dem kleinen Weinbergsträßchen nach links. Mit der Sonne auf der Nase wandern wir durch die weltbekannte Julius-Echter-Weinlage: Von diesem Abschnitt stammt ein vollmundiger Terroir-betonter Silvaner. Und weil ja bekanntlich Klima und Boden den Geschmack eines Weins ausmachen, gibt es in der fränkischen Weingegend Plätze, denen man den Namen »terroir f« gab: Das sind Orte, die man nicht vergisst, mit lokaltypischen Akzenten, einer besonderen Aura und atemberaubenden Ausblicken, alle in geradezu magischen Landschaften gelegen.

Sonnenaufgang am Kalbberg

Die Bildeiche am Weg zum Schwanberg

Und so erreichen wir wenige Minuten später den einzigartigen Aussichtspunkt »terroir f« oberhalb von Iphofen, wo wir zudem zahlreiche Informationen rund um den Weinanbau erhalten.

Vom Aussichtspunkt ist es dann nicht mehr weit bis nach Iphofen. Wir folgen einfach weiter dem Sträßchen und erreichen an der Kurve den Geschichtsweinberg mit seinen historisch angelegten Weingärten. Auf mehreren Terrassen ist die Entwicklung vom einfachen Weinanbau im Mittelalter bis zur modernen Kultivierung sehr anschaulich dargestellt. Hier geht es abwärts und bald auf den Hauptweg, der uns fast schnurgerade zurück nach Iphofen bringt. Die ersten Häuser erreichen wir am Schwanbergweg, und durch das Rödelseer Tor geht es dann in die Altstadt zurück.

✓ Nicht versäumen

Die Gipsfirma Knauf stiftete ihrer Heimatstadt Iphofen ein sehr modernes und äußerst sehenswertes Museum: Das Knauf-Museum zeigt Originalabgüsse aus den großen Museen der Welt – Exponate aus fünf Jahrhunderten und aus fast allen Erdteilen. Jährliche Höhepunkte sind die hochkarätigen Sonderausstellungen (www.knauf-museum.de).

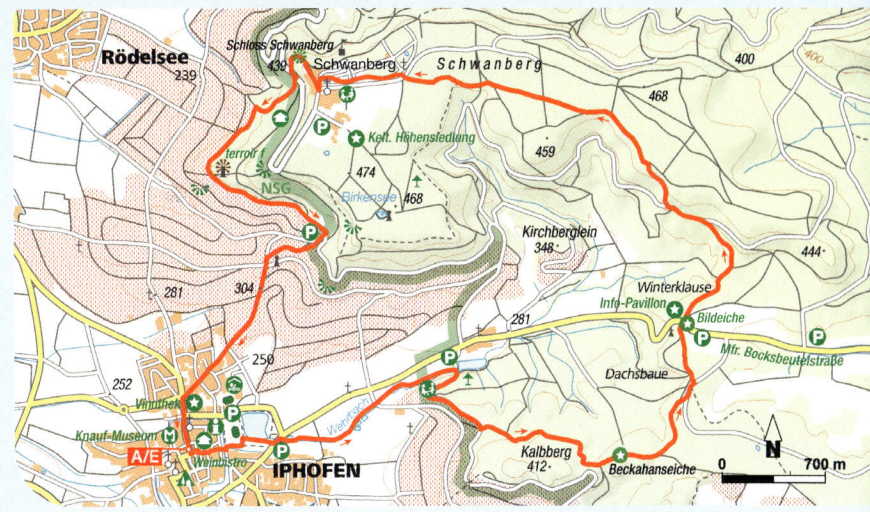

✓ Hier geht's lang

Ausgangs- und Endpunkt: Marktplatz von Iphofen

Tourencharakter: Eine längere und vor allem in den Weinbergen sehr sonnige Wanderung auf gut ausgeschilderten Wegen und kleinen landwirtschaftlichen Nebenstraßen. Unbedingt etwas zum Essen und Trinken einpacken, es gibt viele herrliche Rastplätze in den Weinbergen.

Bahn/Bus: Mit der Bahn bis Würzburg und weiter mit der Mainfrankenbahn nach Iphofen

Auto: Über die A 7, Ausfahrten Kitzingen oder Marktbreit, ist Iphofen gut zu erreichen. Die meisten Parkplätze liegen außerhalb der Stadtmauer.

Übernachtung: Das Weingut Weigand führt auch ein Gästehaus. An der Stadtmauer gelegen, ist die Frühstückspension idealer Ausgangspunkt für die Wanderungen rund um Iphofen (www.weingut-weigand.de).

Einkehr: In Iphofen verhungert niemand – es gibt einige sehr zu empfehlende Gasthäuser. Ganz toll ist z. B. die Vinothek Iphofen: Hier können wir nicht nur gut essen, sondern auch gleich einen Querschnitt der Weine aus den Iphöfer Weinlagen probieren (www.vinothekiphofen.de).

Information: www.iphofen.de

4

Leicht · 11 km · 190 Hm · 3.30 Std.

Rothenburger Mühlen
Im lieblichen Taubertal

Rothenburg ob der Tauber zählt zu den romantischsten Städten in Franken. In den Gassen der Altstadt fühlt man sich in einen mittelalterlichen Historienfilm versetzt. Nur den Trubel der Touristenscharen sollte man ignorieren – das geht am besten mit einer Wanderung ins Taubertal, wo einst zahlreiche Mühlen ihr Werk verrichteten.

✓ **Darum einzigartig**

Einmalig romantisch ist das Taubertal bei Rothenburg. Über 50 Mühlen gibt es entlang des Flusslaufs, von denen auch heute noch einige in Betrieb sind. Allein auf unserer Wanderung kommen wir zu 15 Mühlen – so lassen sich Geschichte, Kunst, Kultur und die wunderbare Flusslandschaft entlang der Tauber perfekt mit einer Stadtbesichtigung von Rothenburg verbinden.

Durch die Altstadt zur ersten Mühle Den Beginn unserer Wanderung können wir mit einer Sightseeing-Tour verbinden. Die weitgehend historische Altstadt wurde, obwohl im Zweiten Weltkrieg schwer beschädigt, ziemlich originalgetreu nachgebaut. Sie allein ist schon einzigartig. So wandern wir vom Marktplatz im Zentrum der Altstadt nach Süden. Von der Oberen geht es in die Untere Schmiedgasse, und vorbei am Plönlein, der wohl meistfotografierten Ecke Rothenburgs, erreichen wir die Spitalgasse. Von dort kommen wir nach rechts über die Rossmühlgasse zur ersten Mühle, der Rossmühle: Als einzige Mühle innerhalb der Stadtmauern versorgte sie in Notzeiten die Bevölkerung. Heute wird hier kein Mehl mehr gemahlen – in dem Gebäude ist nun eine Jugendherberge untergebracht.

Zurück in der Spitalgasse verlassen wir die Altstadt auf dem überdachten Wallgrabensteg und durch das Spitaltor; rechts davon gibt es einen kleinen Durchschlupf für Fußgänger. Am Torwärterhäuschen halten wir uns links und queren die Straße. Auf der anderen Seite setzen wir die Wanderung in der ursprünglichen Richtung fort und folgen nun der Beschilderung »W2«.

Die Tauber prägt das gesamte Tal.

Abstieg ins Taubertal Anfangs noch parallel zur Straße, geht es bald rechts durch das Schwimmbadwäldchen hinab ins Taubertal und zur Oberen Walkmühle. Hier wurden einst Wollstoffe zu Filz bzw. Loden weiterverarbeitet, ein Vorgang, den man Walken nennt. Unser Weg führt in einem Bogen um die Mühle herum, und kurz darauf queren wir die Tauber. Wer abkürzen möchte, kann weiter der Tauber folgen und direkt zur Schmelzmühle wandern. Sehr schön und deutlich einsamer ist es aber, wenn wir gleich nach der Brücke scharf links abbiegen, um noch einmal ein Stück flussaufwärts zu gehen. Dann steigen wir zum Natursteig auf, der uns rechts ins Schandtaubertal zur Hammerschmiede bringt. Infotafeln bringen uns deren Geschichte näher.

Wir bleiben auf der östlichen Uferseite, folgen nun dem Fluss abwärts und erreichen – an den Mauerresten der um 1900 abgebrannten Papiermühle vorbei – die Schmelzmühle, die am Zusammenfluss von Schandtauber und Tauber liegt. Wir halten uns links, überqueren die Schandtauber (nicht die Tauber) und folgen nun dem Taubertalweg.

Blick vom Rothenburger Rathausturm auf die Altstadt

Es klappert die Mühle ... Jetzt geht es Schlag auf Schlag: Wie an einer Perlenschnur reihen sich die Mühlen aneinander. Vorbei an Gips- und Schwabenmühle stoßen wir auf eine Autostraße, auf der wir nach rechts über die Eselsbrücke die Tauber queren. Nun passieren wir die Steinmühle aus dem 12. Jahrhundert und somit die älteste Mühle Rothenburgs. Kurz darauf biegen wir nach links, laufen über die eindrucksvoll geschwungene Doppelbrücke und sind wieder auf der anderen Seite der Tauber angelangt. Flussabwärts geht es weiter auf dem Taubertalweg, wobei wir uns die Straße mit den autofahrenden Anwohnern teilen müssen – etwas Vorsicht ist also geboten. Die Lukasröder- und die Hansrödermühle passierend, erreichen wir das romantische Topplerschlösschen, das sich 1388 der legendäre Rothenburger Bürgermeister Heinrich Toppler erbauen ließ. Gegenüber liegt die Pension Fuchsmühle mit ihrem Mühlrad. Nun können wir auf dem erhöhten Uferweg wieder verkehrsfrei der Tauber folgen. Eine erneute Abkürzung ermöglicht es uns, nach rechts über die überdachte Brücke und auf dem Eselssteig direkt hinauf zum Barockgarten und in die Altstadt zu gelangen.

✓  *Bitte beachten*

Die meisten Mühlen – wie auch das Topplerschlösschen – sind zwar gut einsehbar, aber in Privatbesitz. Wir dürfen sie nicht betreten.

Das Wasserrad der Langenmühle

Riemenschneider-Altar in der Jakobskirche

Riemenschneider-Altar in Detwang Wer allerdings noch nicht genug vom Wandern hat, der folgt weiter dem Fluss, bald wieder ein Stück auf der Straße. Dann überqueren wir, ohne die Uferseite zu wechseln, die Straße auf einer Brücke. Jetzt geht es ruhig auf einem Feldweg nach Detwang, wo wir den Fluss erneut queren. Für den Rückweg halten wir uns gleich nach der Brücke rechts. Zuvor jedoch unternehmen wir nach links einen Abstecher zur kleinen Kirche St. Peter und Paul, die einen kostbaren Kunstschatz beherbergt (s. Tipp). Zurück geht es nun entlang des anderen Tauber-Ufers. Über die Ludleinsmühle erreichen wir die Bronnenmühle, die uns zu einer Einkehr in den lauschigen Biergarten »Unter den Linden« verführt. Alsdann haben wir hoffentlich wieder Kräfte gesammelt, erklimmen die Kurze Steige und erreichen so die Stadtmauer und den Klosterturm. Durch die Judengasse geht es zur Heugasse, die uns rechts zurück zum Marktplatz bringt. Jetzt sollten wir uns noch mindestens zwei Stunden Zeit nehmen, um auf eigene Faust den Rest der romantischen Altstadt von Rothenburg ob der Tauber zu erkunden.

✓ Nicht versäumen

In Detwang können wir die Kirche St. Peter und Paul besichtigen, deren Hochaltar ein Retabel mit zwei Flügeln ist: Eine Kreuzigungsgruppe in der Mitte wird flankiert von den Darstellungen »Christus am Ölberg« und »Auferstehung«. Der Altar, entstanden um 1510, wird Tilman Riemenschneider zugeschrieben. Die Weltbedeutung des Kunstwerks erschließt sich jedem Betrachter: Hände, akribisch bis ins letzte Detail geschnitzt, jeder Finger anders – das ist Kunst von Weltrang! Übrigens: In der Pfarrkirche St. Jakob in Rothenburg findet sich ein weiterer Altar Tilman Riemenschneiders.

Abendliches Rothenburg o. d. Tauber

✓ Hier geht's lang

Ausgangs- und Endpunkt: Marktplatz von Rothenburg

Tourencharakter: Etwas längere Wanderung mit Abkürzungsmöglichkeiten. Der Wanderweg führt durch die Altstadt und über Wanderwege, ein kurzes Stück aber auch entlang einer wenig befahrenen Nebenstraße.

Bahn/Bus: Mit der Bahn nach Rothenburg und weiter mit dem Bus in die Altstadt

Auto: Über die A7 bis Ausfahrt Rothenburg ob der Tauber; sehr viele Parkplätze außerhalb der Stadtmauern

Übernachtung: Wer nicht mitten im Touristengetümmel der Rothenburger Altstadt schlafen möchte, findet im Taubertal die Pension Fuchsmühle. Die Lage am Fluss ist traumhaft schön, mit tollem Blick auf die Altstadt (www.fuchsmuehle.de).

Einkehr: Im Sommer kehren wir gern an der Barbarossabrücke in den sehr netten Biergarten »Unter den Linden« ein (Mo Ruhetag). In Detwang gibt es den Gasthof Schwarzes Lamm und in Rothenburg haben wir dann eine große Auswahl an Einkehrmöglichkeiten.

Information: www.rothenburg-tourismus.de

5

● Leicht  11 km  300 Hm ⏱ 3 Std.

Von Vierzehnheiligen auf den Staffelberg
Im Garten Gottes

Das Dreigestirn von Wallfahrtsbasilika Vierzehnheiligen, Kloster Banz und Staffelberg bestimmt Bad Staffelstein, das deshalb auch »Gottesgarten am Obermain« genannt wird. Unsere Wanderung verbindet zwei dieser Highlights: Vierzehnheiligen und Staffelberg, den »Berg der Franken«.

Eine einzigartige Rundum-Wohlfühl-Wanderung: Ohne große Anstrengung können wir bei dieser Tour Genuss, Kultur und Natur miteinander verbinden. Die Runde führt hinauf zur markanten Felsstufe des Staffelbergs, der mit einem großzügigen Gipfelplateau und einer überragenden Aussicht überrascht – einfach ein grandioser Berg!

Bekannt, beliebt, besungen Dabei macht es durchaus Sinn, auf dieser Tour antizyklisch unterwegs zu sein, also in den frühen Morgenstunden oder unter der Woche, denn völlig einsam ist man hier nie. Der Staffelberg als »Berg der Franken« ist so berühmt, dass er allein schon deshalb zu den Top-25-Wanderungen in Bayern gehört – was ihm aber nicht gerecht werden würde. »Zum heil'gen Veit von Staffelberg komm ich emporgestiegen ...«, so klingt es in der vierten Strophe des Frankenlieds, das Victor von Scheffel, der große Erzähler und Dichter des Biedermeiers, 1859 während eines Urlaubs in Banz verfasste. Das Gedicht, zwei Jahre später vertont, wurde zur inoffiziellen fränkischen Landeshymne. Und der tut es keinen Abbruch, dass es weder einen Staffelstein gibt noch einen heiligen Veit – der Berg heißt eindeutig Staffelberg, und die Kapelle auf seiner Hochfläche ist der heiligen Adelgundis geweiht. So ein Berg mit weiter Aussicht über das Maintal blieb schon vor Urzeiten nicht unentdeckt.

Dies zeigen Funde aus der Steinzeit vor 7000 Jahren, Befestigungen aus der Zeit der Kelten oder eine germanische Burg aus den letzten Jahren der Römer-

Das Gipfelkreuz am Staffelberg

zeit. Seither war der Staffelberg kontinuierlich besiedelt, und aus der Einsiedlerklause, die Scheffel in seinem Gedicht erwähnt, ist eine Wirtschaft mit Biergarten geworden, in dem an schönen Tagen mehr als 500 Gästen fränkische Spezialitäten und fränkisches Bier serviert werden.

Auf Pilgerwegen Für die Wanderung starten wir an der Wallfahrtskirche Vierzehnheiligen und folgen der geteerten Zufahrtsstraße noch ein Stück bergauf, vorbei an der Klosterbrauerei Trunk. Den einladenden Biergarten ignorieren wir und heben ihn uns für das Ende der Tour auf. Gleich hinter dem Brauereigebäude biegen wir rechts in den Wanderweg (gleichzeitig der Fränkische Jakobsweg) ein und folgen der Beschilderung Richtung Staffelberg. In einem Waldstück steigt der Weg kräftig an, Felsbrocken und Wurzeln überziehen den Pfad und verleihen dem Weg einen

Der Besuch von Vierzehnheiligen ist einer der Höhepunkte der Wanderung.

Von Vierzehnheiligen auf den Staffelberg

fast schon alpinen Charakter. Ja, der Staffelberg ist ein echter Berg! Oben stoßen wir dann auf einen breiten Feldweg, dem wir nach rechts folgen, wobei er bald nach links schwenkt. So wandern wir über eine Hochebene auf einem Panoramaweg direkt auf den Staffelberg zu, und immer wieder haben wir dabei freie Sicht auf die Mainebene. Schließlich führt uns der Wanderweg nach links und, das letzte Stück steiler, hinauf zur Staffelbergklause und zur Adelgundiskapelle.

Am Staffelberg Bevor wir uns in der Klause für eine Rast niederlassen, wollen wir natürlich das großzügige Gipfelplateau erkunden. Deshalb biegen wir rechts auf den Wiesenpfad ein, der uns zu den Felsstufen an der Nordostkante, dem eigentlichen Gipfel des Staffelbergs, bringt. Jetzt Augen auf und einfach die weite Aussicht genießen: Unter uns liegen Bad Staffelstein und die Mainebene, auf der anderen Seite sehen wir das Kloster Banz und im Dunst am Horizont die Hügel der Haßberge und der Rhön. Wer sich ganz an den Rand der Felsenstufen, der Staffeln, wagt, sollte schwindelfrei sein, denn sie fallen senkrecht ab.

Zurück nach Vierzehnheiligen Danach steigen wir ein Stück auf dem bekannten Hinweg hinab zur beschilderten Abzweigung ins Romansthal, biegen dort nach links und wandern steil bergab zum großen Wanderparkplatz am Ortsrand. Dort halten wir uns scharf rechts auf die anfangs geteerte Straße und folgen der Beschilderung »Hase« und »Wolfsdorf« in östlicher Richtung. Unser Weg wird wieder zum Feldweg und führt an von Wildhecken gesäumten Wiesen entlang. Nach einem Waldstück wendet sich der Weg nach links, und wir wandern abwärts bis kurz vor Wolfsdorf. Dort mündet unser Weg in eine querende Straße. Auf ihr geht es nach rechts zum Waldrand, wo uns Treppenstufen auf dem alten Pilgerweg zurück nach Vierzehnheiligen führen.

Das Kloster und seine Kirche wollen wir natürlich noch besichtigen. Die Wallfahrt geht auf eine Erscheinung Mitte des 15. Jahrhunderts zurück. Zunächst immer bedeutender werdend, kamen dann aber bedingt durch Reformation und Dreißigjährigen Krieg fast keine Wallfahrer mehr. Die Zisterzienser im nahen Langheim, auf deren Grund Vierzehnheiligen lag, wollten die Wallfahrt wieder zum Leben erwecken und ließen durch Balthasar Neumann, den bekanntesten Baumeister seiner Zeit, eine neue Wallfahrtskirche errichten, die alle Gotteshäuser in naher und weiter Umgebung übertraf. Eine Sensation war der Gnadenaltar der Kirche, der mit seinen 14 Heiligen zentral in der Mitte

Die Wallfahrtskapelle St. Adelgundis auf dem Hochplateau des Staffelbergs

des Gotteshauses steht und damit von allen Seiten zugänglich ist. Das war etwas völlig Neues. Kein Wunder, dass diese vollkommene Kunst erneut die Besucher und Gläubigen anlockt. Und der einstige Abt von Langheim behielt Recht: Die Wallfahrt blühte wieder auf und ist heute lebendiger denn je, was auch an den erfolgreich geführten umliegenden Bildungshäusern liegt. Und natürlich ein klein wenig an den guten Einkehrmöglichkeiten in Klosternähe, wo wir nun zum Abschluss den wunderbaren Wandertag stilvoll mit einem süffigen Kloster-Gerstensaft ausklingen lassen können.

✓ Nicht versäumen

Wer schon immer mal wissen wollte, wo die Redensart »nach Adam Riese« herkommt, sollte Bad Staffelstein besuchen: Hier wurde der berühmte Mathematiker um 1492/93 herum geboren. Malerische Fachwerkhäuser, die schöne Therme Obermain sowie das nahe Kloster Banz verführen zu einem längeren Aufenthalt.

Die Weite der Hochfläche des Staffelberges lässt sich nur erahnen.

Ausgangs- und Endpunkt: Basilika Vierzehnheiligen

Tourencharakter: Rundtour auf breiten Wanderwegen zum Staffelberg mit Besichtigungsmöglichkeit der Wallfahrtskirche Vierzehnheiligen. Zu Beginn und am Ende der Wanderung sind zwei kleinere Steigungen zu bewältigen.

Bahn/Bus: Mit der Bahn nach Lichtenfels und weiter mit dem Stadtbus nach Vierzehnheiligen

Auto: A 73 bis Ausfahrt Bad Staffelstein, dann St 2197 Richtung Lichtenfels und im Ortsteil Grundfeld rechts hinauf nach Vierzehnheiligen; viele Parkplätze entlang der Straße

Übernachtung: In Bad Staffelstein gibt es mehrere Übernachtungsmöglichkeiten. Einmalig ist das Bildungshaus im Kloster Vierzehnheiligen, wo man auch nur für eine Nacht unweit der Wallfahrtskirche ein Quartier beziehen kann (www.bildungshaeuser-vierzehnheiligen.de).

Einkehr: Direkt am Staffelberg liegt die Staffelbergklause mit ihrem netten Biergarten (im Sommer Di Ruhetag, im Winter nur Fr/Sa/So geöffnet). An der Wallfahrtskirche Vierzehnheiligen Brauereigasthof Trunk oder Gasthof Stern

Information: www.bad-staffelstein.de

6

 Leicht  10 km  200 Hm  3 Std.

Durchs Ahorntal
Herzstück der Fränkischen Schweiz

Im Herz der Fränkischen Schweiz windet sich der Ailsbach durch das Ahorntal. Sein Wasser formte mächtige Felsgebilde und schuf bizarre Höhlen; kleine Wanderwege führen durch das malerische Tal. Verbinden wir unsere Rundtour mit einem Besuch Kirchahorns, erleben wir das fränkische Bauernland in seiner ursprünglichen Form.

Darum einzigartig

Spektakuläre Naturkompositionen, bizarre Felsen und dunkle Höhlen liegen entlang des Promenadenwegs durchs wildromantische Ahorntal, und über allem thronen die prächtige Burg Rabenstein und die kleine Klaussteinkapelle mit ihren bemalten Emporen – eine magisch-mystische Wanderung durch eines der schönsten Täler der Fränkischen Schweiz.

Auf dem Promenadenweg Wir starten am Parkplatz oberhalb der Burg Rabenstein und laufen auf der breiten Zufahrtsstraße zur Burg hinunter – ihre Besichtigung und die Einkehr in der Burgschenke heben wir uns aber noch für später auf. Am Rondell vor der Burg wenden wir uns nach rechts und folgen der Beschilderung »Promenadenweg« in den Wald. Dabei handelt es sich allerdings nicht um eine breit angelegte, bequeme Flaniermeile, im Gegenteil: Der Weg entpuppt sich als schmaler Waldpfad, der sich im steten Auf und Ab am Berghang entlangzieht. Wir passieren einige Felsformationen und freuen uns an den knorrigen alten Bäumen im lichten Mischwald. Alle Abzweigungen ignorierend, folgen wir dem Symbol »grüne Schachkönigin«. Schließlich steigen wir ins Tal hinunter und queren etwas nach rechts die Straße und den Ailsbach.

Höhlen und Felsen Auf der anderen Bachseite führt unser Weg dann nach links weiter. Vorbei am Felsen Theresien-Ruhe mit der Gedenktafel für Königin Therese von Bayern, die bereits 1830 mit ihrem Mann Ludwig auf dem Promenadenweg unterwegs war, bleiben wir zunächst in der Nähe des Wassers.

Stille Waldwege erwarten uns am Beginn der Wanderung.

Die Sophienhöhle ist ein Wunder der Natur.

Dann steigt der Weg wieder an, und wir erreichen zunächst eine kleine Höhle; durch einen Felsspalt können wir uns ins Innere zwängen. Weiter führt uns der Weg jetzt wildromantisch, aber auch steiler über Felsstufen hinauf zum Schneiderloch, einer nach drei Seiten hin offenen Felsenkuppel. Ihren Namen hat sie einem Schneider zu verdanken, der sich hier während des Dreißigjährigen Kriegs versteckt haben soll. Nun auf halber Höhe des Hangs in nordöstlicher Richtung weiterwandernd, genießen wir zwischen den Bäumen hindurch immer wieder Ausblicke auf die mächtige Burg Rabenstein und die Klausteinkapelle. Stets dem Promenadenweg folgend, passieren wir nochmals einige Felsen, bis wir nach links zur großen Ludwigshöhle hinabsteigen. Die nach König Ludwig von Bayern benannte Höhle betreten wir durch einen schmalen Felsdurchgang – und sind dann überrascht von ihrer gewaltigen Dimension. Kein Wunder, dass hier dem König bei seinem Besuch ein großes Festbankett ausgerichtet wurde.

Durch Kirchahorn Nach der Besichtigung wandern wir von der Ludwigshöhle ein Stück am Hinweg zurück und folgen dann der Beschilderung Richtung Kirchahorn. Dafür queren wir eine Straße geradeaus und verlassen schließlich den Wald, um auf dem sonnigen Weg über Felder nach Kirchahorn zu gelangen. Nach links erreichen wir über den Ailsbach die Dorfmitte. Wir queren die Hauptstraße und nehmen die Straße Hirtenanger. Sie führt bergauf und wendet sich nach den letzten Häusern links auf einen Feldweg.

Fränkische Landschaften Jetzt geht es wieder in westlicher Richtung weiter, und wir folgen zunächst dem Symbol »blauer Kreis« über die Felder. Wieder im Wald geht es links leicht bergab und bald über einen grasüberwachsenen

Durchs Ahorntal

Bei Kirchahorn weitet sich das Ahorntal.

Weg zu einem einsamen Gartengrundstück. Hier treffen wir wieder auf einen breiten Feldweg, dem wir nach rechts folgen und auf dem wir durch ein kleines Waldstück wandern. Nach einem weiteren Feld laufen wir wieder in den Wald hinein, wo wir den breiten Waldweg nach links auf einen schmalen Wanderweg verlassen, der uns bergab ins wildromantische Gartental bringt. Wir queren den Gartentalbach und steigen auf der anderen Seite zu einem Feldweg empor. Nach links gewinnen wir über zwei große Kehren an Höhe und erreichen so die Autostraße, die von Kirchahorn nach Waischenfeld führt. Ihr folgen wir auf dem Wiesenstreifen neben der Straße nach links abwärts bis zum Rastplatz mit der Aussichtskanzel.

Sophienhöhle und Felsenlabyrinth Etwas versteckt beginnt an der Abgrenzungsmauer rechts ein kleiner Pfad, der uns zur Sophienhöhle führt. Mit ihren bizarren Tropfsteinformationen von einzigartiger Vielfalt zählt sie zu den schönsten Tropfsteinhöhlen Bayerns; eine Besichtigung im Rahmen einer Führung lohnt sich auf alle Fälle (geöffnet Ende März bis Anfang

An der Burg Rabenstein startet die Wanderung.

Nov., Di–So und Feiertage durchgängig Führungen von 10.30–17 Uhr, www.burg-rabenstein.de). Dahinter setzt sich unser Wanderweg fort, und wir durchstreifen ein urwüchsiges Felsenlabyrinth. Ab dem Aussichtspunkt Parasol ist es nicht mehr weit bis zur Burg Rabenstein, wo wir nun gemütlich im Biergarten einkehren können.

Wobei es direkt an der Burg Rabenstein noch eine weitere Attraktion gibt: Bei einer täglichen Flugshow können wir die Künste eines Falkners samt seiner majestätischen Greifvögel bewundern.

✓ Nicht versäumen

Burg Rabenstein wurde Anfang des 12. Jh. erbaut. Durch ihre Lage auf einem Bergsporn, der von drei Seiten vom Ailsbach umflossen wird, konnten die Burgherren das Bachtal bequem kontrollieren. Und diese Lage schätzen heute die Gäste des Burghotels, das vor einigen Jahren in den alten Mauern Einzug gehalten hat. Ganz in der Nähe steht die Klausteinkapelle, die neben der Sophienhöhle und einer Falknerei zu den Sehenswürdigkeiten im Ahorntal zählt.

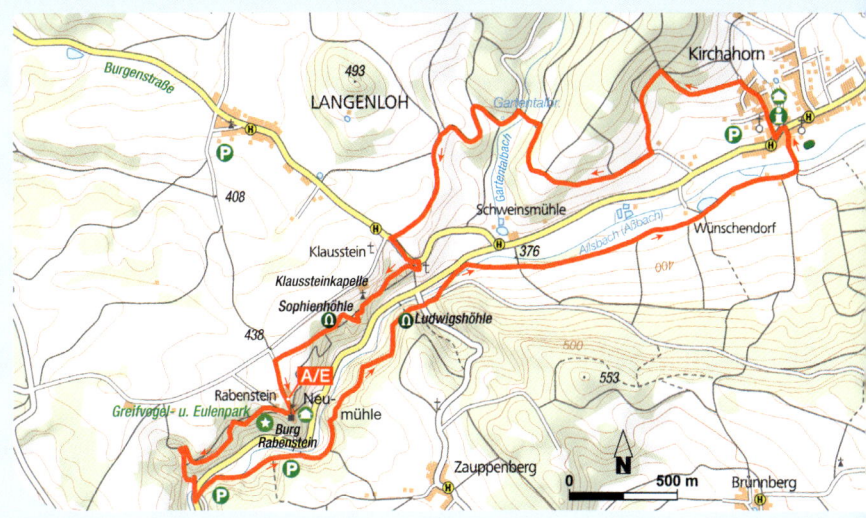

✓ Hier geht's lang

Ausgangs- und Endpunkt: Burg Rabenstein

Tourencharakter: Rundtour auf überwiegend schmalen Wanderwegen mit Besichtigungsmöglichkeiten. Rund um die Burg Rabenstein führt die Wanderung im steten Auf und Ab durch den schattigen Wald.

Bahn/Bus: Zahlreiche Busverbindungen aus der Umgebung

Auto: A 9 bis Ausfahrt Trockau, weiter über Poppendorf nach Kirchahorn und zur Burg Rabenstein; großer Parkplatz neben der Straße

Übernachtung: Auf Burg Rabenstein zu übernachten, ist wunderschön, aber auch ein Luxus, den sich nicht jeder leisten kann. Wer eine Alternative sucht, freut sich über einen Aufenthalt im Hüttendorf bei Pottenstein – die Hütten sind nicht nur günstiger, sondern auch etwas ganz Besonderes: In den hölzernen Lodges, den »Tiny Houses«, verbringt man gern auch mehr Zeit (www.huettendorf-fraenkische-schweiz.de).

Einkehr: Direkt an der Burg Rabenstein gibt es die Gutsschenke (geöffnet Mitte März bis Anfang Nov. täglich außer Mo). In Kirchahorn Gasthof Fränkische Schweiz (Mo Ruhetag)

Information: www.ahorntal.de; www.burg-rabenstein.de

 Leicht    4,5 km    200 Hm    2.30 Std.

Aufs Walberla
Von der Keltenburg zur christlichen Wallfahrt

Sagen und Legenden umranken das Walberla. Der über 500 Meter hohe Berg, der eigentlich Ehrenbürg heißt, ragt auffällig über dem Wiesental in den fränkischen Himmel. Einst gab es auf seinem großzügigen Gipfelplateau eine bedeutende keltische Kult- und Wohnstätte – das allein beflügelt schon die Fantasie so mancher Wanderer.

Das Walberla bietet gleich mehrere Besonderheiten: Zum einen ist es ein Berg mit einer enorm weiten Aussicht, auf den man ohne große Anstrengung steigen kann. Und zum anderen kann man hier einen Blick in die Vergangenheit werfen, denn schon vor mehr als 2000 Jahren lebten an diesem Ort Menschen.

Magischer Lebensquell Obendrein steht auf dem Walberla noch eine kleine Kapelle, die der heiligen Walburga gewidmet ist – da liegt der Gedanke an einen Hexenritt in der Walburgisnacht nahe. Auf alle Fälle hat der Berg etwas Magisches: Im Frühjahr überziehen die Hänge des Walberla die weißen Tupfen der zahlreichen Kirschbäume, die hier blühen. Überall summt und brummt es, und man spürt förmlich das Leben. Dazu kommt die wunderbare Aussicht, die man einmal im Leben erlebt haben sollte.

Aufs Walberla Bestens beschildert führt der breite Weg vom großen öffentlichen Parkplatz am Gasthaus Zum Walberla in Kirchehrenbach durch die von dichten Hecken eingerahmten Felder aufwärts. Dieses Buschwerk bremst den Wind und erzeugt dadurch ein Mikroklima, das nicht nur der Vegetation sehr guttut: Viele Kleintiere, Insekten und Vögel nützen die Hecke als Wohnraum. Wir stoßen auf eine quer verlaufende Straße, in die wir nach rechts einbiegen. Schon nach wenigen Metern verzweigt sich die Straße. Wir nehmen den linken Weg aufwärts, biegen bei der nächsten Verzweigung nochmals links ab und halten uns bei einem Wendeplatz ein drittes Mal links. Jetzt gehen wir direkt auf das große Holzkreuz zu, das vor uns in den Himmel ragt – diese Stelle heißt »Klaaruh«, was auf Hochdeutsch so viel

Aussichtspunkt am Weg von Kirchehrenbach zum Walberla

wie »kleine Ruhe« bedeutet. Wir sind an einem Frühlingsmorgen hier herauf gewandert und genossen eine zauberhafte Stimmung und einen herrlichen Blick auf das Wiesenttal.

Wir folgen weiter dem Weg und erreichen in einer guten Viertelstunde die Hochfläche des Walberla und sein Wahrzeichen, die kleine Walburgiskapelle. Doch warum ist der Berg nun auf vielen Landkarten als »Ehrenbürg« und nicht mit dem Namen Walberla eingetragen? Die Erklärung: Der offizielle Name lautet Ehrenbürg und bezieht sich auf zwei flache Gipfel – der nördliche an der Kapelle heißt Walberla und der südliche, am Südabfall der Hochfläche, heißt Rodenstein. Doch darum scheren sich die Franken überhaupt nicht. Für sie heißt der ganze Berg Walberla, und nur der Südgipfel wird Rodenstein genannt.

Zum Rodenstein Von der Walburgiskapelle wandern wir über die weite Hochfläche auf den Rodenstein, der vor allem nach Süden hin eine weite Aussicht bietet. Der breite Weg ist von der Kapelle aus bestens zu sehen und sicherlich nicht zu verfehlen, An der tiefsten Stelle werden wir an die keltische Vergangenheit des Bergs erinnert: Rechter Hand haben die Archäologen, die den Berg genauestens untersuchten, eine kleine Mauer mit einem Palisadenzaun aufgebaut.

Zur Kirschblütenzeit ist diese Landschaft ein einziges weißes Blütenmeer.

Natürlich ist das eine Rekonstruktion, aber sie gibt uns eine Vorstellung davon, wie die Kelten hier einst ihre Siedlung gesichert haben. Dabei zog sich diese Mauer um den gesamten Berg! Dann überwältigt uns die Rundumschau am Rodenstein. Weit blicken wir in alle Richtungen über die zahlreichen Hügel der Fränkischen Schweiz. Der Rückblick zum Walberla lässt uns auch jetzt erst die gesamte Ausdehnung der Ehrenbürg-Hochebene erfassen. Und weil alles so schön war, gehen wir zur Walburgiskapelle zurück und wandern auf dem Weg, auf dem wir gekommen sind, zu unserem Ausgangspunkt zurück. Garantiert sehen wir nun alles in einem völlig neuen Licht.

✓ Nicht versäumen

Ein großer Tag ist das alljährliche Walberlafest, zu dem Anfang Mai ca. 10 000 Wallfahrer pilgern, um am Gottesdienst teilzunehmen und sich anschließend an einer kräftigen Brotzeit zu erfreuen. Es ist ein riesiges Fest für ganz Franken und weit über die Landesgrenzen hinaus bekannt.

Schnurgerade führt der Weg zur Walburgiskapelle.

✓ Hier geht's lang

Ausgangs- und Endpunkt: Kirchehrenbach

Tourencharakter: Durchwegs bequeme, breite Wege. Am Beginn 200 Hm Anstieg zur Walberlakapelle, dann ca. 20 Min. über den Höhenrücken zum Rodenstein. Rückweg am Anstiegsweg

Bahn/Bus: Mit dem Zug von Forchheim oder Ebermannstadt bis Bahnhof Kirchehrenbach

Auto: A 73 Nürnberg–Bamberg bis Ausfahrt Forchheim-Süd und über Gosberg nach Kirchehrenbach. In der Ortsmitte rechts auf der Straße Zur Ehrenburg zum Wanderparkplatz am Gasthaus Zum Walberla. Der Parkplatz liegt am Straßenende.

Übernachtung: Neben privat vermieteten Zimmern bieten sich in Kirchehrenbach der Landgasthof Sonne und das Gasthaus Sponsel in der Hauptstraße als Unterkünfte an.

Einkehr: Unterwegs keine Einkehr. In Kirchehrenbach mehrere Gaststätten – wir haben uns im Gasthof Zum Walberla direkt am Parkplatz sehr wohlgefühlt.

Information: www.vg-kirchehrenbach.de

8

 Leicht    7,5 km    40 Hm    2.15 Std.

Durch die Schwarzachklamm
Wunderwerk der Natur

Eine Urlandschaft, geformt von der Kraft des Wassers, umrahmt von verwittertem Sandstein, verziert mit kleinen Höhlen in den Felswänden und dazwischen die träge dahinfließende Schwarzach – das reicht noch nicht? Als Sahnehäubchen wartet noch der historische Ludwig-Donau-Main-Kanal auf uns.

Ein Wunderwerk der Schöpfung wartet in der Schwarzachklamm auf uns. Obendrein hat die Natur, verschwenderisch wie sie ist, nicht an einer unglaublichen Vielfalt an Grüntönen gespart: Blätter, Moose, Flechten, Algen sind für Körper und Geist herrlich beruhigend, so wie auch die gesamte Landschaft entlang der Schwarzach für einen ausgeglichenen Gemütszustand sorgt.

Durch die Schwarzachklamm Wir starten an der Waldschänke, die genau zwischen dem Ludwig-Donau-Main-Kanal und der tiefer fließenden Schwarzach liegt. Als Erstes gehen wir durch den Biergarten, holen uns so einen Vorgeschmack auf das Ende der Wanderung und halten uns dann links in den Wald. Nach wenigen Metern weist ein Schild den Weg rechts abwärts zur Schwarzach. Wir erreichen sie an einer kleinen Quelle, die sich hier munter plätschernd mit dem Fluss vereint. Nun beginnt die Wanderung ins Wunderwerk der Natur. Nach links setzen wir den Weg entlang des Flusses fort und bleiben dieser Uferseite auch stets treu. Wir sind mitten im Grünen. Die Bäume sind dick mit Moos überzogen, der Boden ist von Farnen bedeckt, und träge schlingert die Schwarzach dahin. Bald schon tauchen die ersten Sandsteinformationen auf. Anhand der Furchen im Fels erkennen wir, wie sich im Lauf der Jahrhunderte die Schwarzach tief in das Tal eingeschnitten hat.

Wilde Wege Die Schlucht wird nun immer enger. Der Pfad windet sich unter überhängenden Sandsteinfelsen dahin, dann geht es über Stege, die förmlich über dem Wasser zu schweben scheinen. Vorbei an der Karlshöhle kommen wir

Die Gustav-Adolf-Höhle an der Schwarzach

zum kleinen Flusskraftwerk Gsteinach. Jetzt verlassen wir für ein kurzes Stück den Flusslauf und steigen über Treppen zu den Häusern von Gsteinach hinauf. Dort folgen wir dem Sträßchen ganz kurz nach rechts, dann geht es an einer großen Eiche rechts zurück zum Fluss. Das nächste Highlight ist die Gustav-Adolf-Höhle, die wir durch ein Loch im Sandstein erreichen. Dann passieren wir einen Wanderparkplatz und haben das Ende der Klamm erreicht. Trotzdem halten wir uns weiter auf dem Flussweg, queren gleich darauf die Schwarzach, wandern durch die Flussauen und kommen über eine Brücke auf den Hirtenweg in Schwarzenbruck. Nach einem kurzen Anstieg geht es rechts abwärts und am Faberwehr zum letzten Mal über die Schwarzach. Nun bleiben wir geradeaus auf dem kleinen Sträßchen, das gleich darauf für den öffentlichen Verkehr gesperrt ist.

Am Ludwig-Donau-Main-Kanal Diesem sandigen Sträßchen folgen wir ein gutes Stück bis zu einem einsamen Haus. Dahinter teilt sich der Weg; wir halten uns rechts (Nr. 5) und wandern nun durch den typisch fränkischen Föhrenwald. Ginster säumt den Weg, und auch hier entdecken wir im lichten Wald viele Moose und Gräser, aber auch jede Menge Preiselbeeren.

Nach einem kurzen Stück erreichen wir am Schleusenwärter Haus 52 den historischen Ludwig-Donau-Main-Kanal. Entstanden ist der Kanal zwischen 1836 und

Entlang des historischen Ludwig-Donau-Main-Kanals wandern wir zurück.

1846, als durch die beginnende Industrialisierung immer mehr Rohstoffe, aber auch fertige Erzeugnisse über große Strecken transportiert werden mussten. Die Eisenbahn war noch lange nicht so weit, und die Fuhrwerke waren völlig überfordert. So baute man allenthalben Kanäle. Das war ein unglaublicher Fortschritt, denn ein Kanalschiff konnte 120 Tonnen Fracht befördern, ein Fuhrwerk höchstens eine Tonne. Eine Fahrt von Kelheim nach Bamberg dauerte über den Kanal etwa sechs Tage, ein Fuhrwerk hätte zwischen acht und zehn Tage dafür gebraucht. 20 Jahre lang warf der Kanal Gewinne ab, bis er ab 1864 in die Verlustzone geriet. Immerhin war der Kanal bis 1950 noch in Betrieb. Heute ist ein Teil im modernen Main-Donau-Kanal verschwunden, ein beachtlicher Teil steht jedoch unter Denkmalschutz und wird als historisch wertvoller Bau erhalten.

Wir folgen dem Kanal nach rechts und erreichen, vorbei an einigen Staustufen, den Brückkanal, über den wir wieder zurück zum Ausgangspunkt kommen.

✔ Nicht versäumen

Nach der Wanderung ist sicherlich noch Zeit, um die nahe Kleinstadt Feucht zu besuchen. In der Ortsmitte finden wir einige wunderschöne Fachwerkhäuser, darunter das Zeidelmuseum. Es erklärt die lange Tradition des Zeidelwesens, also der Imkerei, denn im Mittelalter war Feucht ein Zentrum der Waldbienenhaltung und Honiggewinnung.

✓ Hier geht's lang

Ausgangs- und Endpunkt: Waldschänke am Brückkanal

Tourencharakter: Leichte Wanderung, die im ersten Teil auf schattigen Pfaden und Wanderwegen entlang der Schwarzach verläuft – Achtung, bei Regen können sie rutschig sein. Der Rückweg führt gemütlich und sehr sonnig auf einem breiteren Feldweg entlang des historischen Kanals.

Bahn/Bus: Mit der Bahn nach Nürnberg, weiter mit der S-Bahn über Feucht nach Ochenbruck und mit dem Bus nach Schwarzenbruck-Ortsmitte, dann direkt von dort starten

Auto: Über die A 9, am Autobahndreieck Nürnberg-Feucht auf die A 73 bis Ausfahrt Feucht und gleich nach der Ausfahrt rechts ins Gewerbegebiet, dieses durchqueren und in der Kurve geradeaus auf die kleine Straße einbiegen, die zur Waldschänke beschildert ist. Ganz am Ende der Straße finden wir den Wanderparkplatz.

Übernachtung: 4 km von Schwarzenbruck entfernt, findet man im kleinen Ort Mimberg ein außergewöhnliches, wunderschönes Bed & Breakfast, das sich nicht nur für diese Wanderung eignet, sondern sich auch für einen Besuch der nahen Stadt Nürnberg anbietet (www.bb-fernblick.business.site).

Einkehr: Die idyllische Waldschänke am Ausgangspunkt bietet einen Biergarten mit Tradition: Bereits 1889 durfte der dort ansässige Kanalwärter mit Erlaubnis des Königlich-bayerischen Bezirksamts den Arbeitern aus den umliegenden Waldgebieten Getränke auszuschenken. Sehr gemütlich und bestens zu empfehlen!

Information: www.urlaub.nuernberger-land.de

9 ● Mittel  14 km  580 Hm ⏱ 4 Std.

Von Dollnstein nach Eichstätt
Im Naturpark Altmühltal

Wacholderheiden und Magerrasen sind das typische Vegetationsbild an den steilen und trockenen Hängen im Altmühltal. Auf den kargen Wiesen finden wir je nach Jahreszeit Küchenschellen, Echte Veilchen und verschiedene Enzianarten und schließlich als Vorboten der kalten Jahreszeit zahllose Silberdisteln.

Schafe im Altmühltal

Durch Dollnstein Auf den 14 Kilometern zwischen Dollnstein und Eichstätt, einer Teilstrecke des Altmühltaler Panoramawegs, erlebt man die ganze Vielfalt des Naturparks. Dabei wandern wir nur stellenweise in Flussnähe, meist führt der Weg über die Trockenhänge am ehemaligen Hochufer der Altmühl entlang. Unsere Streckenwanderung beginnt mit einer Zugfahrt von Eichstätt nach Dollnstein.

✓ Darum einzigartig

Die nur niedrig bewachsenen Wacholderheiden und Trockenhänge bieten unvergleichliche Ausblicke auf das Altmühltal. Schafherden pflegen das Landschaftsbild, und dazwischen fließt träge die Altmühl dahin, deren Tempo wir uns im Angesicht solcher Naturschönheiten nur allzu gern anpassen.

Vom Bahnhof in Dollnstein gehen wir zunächst, die Gleise im Rücken, nach links in die Ortsmitte und queren die Altmühl. Durch den Petersturm verlassen wir den alten Dorfkern, um gleich rechts durch den Burgsteinweg an den Ortsrand zu gelangen. Schräg links zweigt ein schmaler Pfad ab, und schon sind wir auf dem Altmühltaler Panoramaweg unterwegs, der uns durch ein Kernstück des Naturparks Altmühltal führen wird. Kurz darauf erreichen wir den markanten Burgsteinfelsen mit seiner kleinen Kapelle, ein Klettereldorado und gleichzeitig eine unverkennbare Landmarke im Flusstal.

Der Burgsteinfelsen ist eine markante Landmarke.

Schafe, Heiden und Fossilien Weiter geht es nun, den Schlaufen der Altmühl folgend, immer mehr oder weniger am Waldrand entlang durch karge Wacholderheiden, das typische Bild des Naturparks. Kein anderer Busch oder Strauch außer dem Wacholder schafft es, mit diesem mageren Boden zurechtzukommen. Schafe sorgen für den Erhalt dieses Landschaftsbilds; sie sind die einzigen Nutztiere, die sich mit den an Nährstoffen armen Magergraswiesen zufriedengeben.

Nur durch ihre fleißige Landschaftspflege kommen wir in den Genuss der artenreichen Vielfalt an den sonnigen Hängen. So erreichen wir Obereichstätt und steigen links steil hinauf zur Hochfläche des Jura. Nun kürzen wir eine Flussschleife ab, passieren den Fossiliensteinbruch Blumenberg, in dem wir nach Lust und Laune nach Relikten aus der Urzeit suchen können, und wandern dann wieder abwärts Richtung Eichstätt. Wir überqueren die Altmühl und folgen dem Altmühl-Radweg, der uns in die Altstadt von Eichstätt führt.

Eichstätter Stadtspaziergang Jetzt ist sicherlich noch Zeit für einen Stadtbummel. Eichstätt lebt von seinen Kontrasten: Zwischen den alten Prachtbauten des Fürstbistums Eichstätt beleben junge Studenten die Altstadtplätze.

Nach der Wanderung steht der Besuch von Eichstätt auf dem Programm.

Nicht versäumen sollten wir den Domplatz mit dem mächtigen Gotteshaus und dem gotischen Mortuarium im Kreuzgang. Auch der Residenzplatz, wo in der alten Fürstbischöflichen Residenz inzwischen das Landratsamt Eichstätt Platz gefunden hat, ist wunderschön. Der ganze Platz erinnert an mediterrane Ortsbilder und versetzt uns geradezu auf eine italienische Piazza. Nur die Straßencafés fehlen; die finden wir am Marktplatz rund um den Willibaldsbrunnen. Wer noch Energie hat, kann über die Burgstraße zur Willibaldsburg aufsteigen. Ihre Museen geben uns Einblicke in die Vor- und Frühgeschichte des Altmühltals, und auch der historische Bastionsgarten mit seinen wunderbaren Blumenrabatten, die seltene Pflanzen zeigen, ist einen Besuch wert.

✓ *Nicht versäumen*

Hoch über Eichstätt zieht es Fossilienfans ins Museum Bergér (www.museum-berger.de) oder in den Fossiliensteinbruch für Hobbysammler.

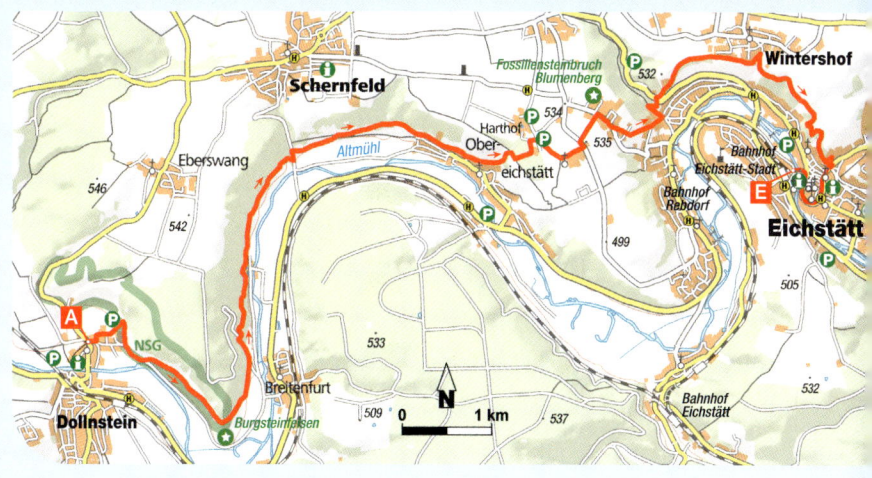

 Hier geht's lang

Ausgangspunkt: Dollnstein

Endpunkt: Eichstätt

Tourencharakter: Längere, sonnige Wanderung auf gut ausgeschilderten Wanderwegen und Pfaden mit ständigem Auf und Ab am Hochufer entlang. Wer mit dem Auto anreist, parkt am besten in Eichstätt und fährt mit der Bahn nach Dollnstein. So können wir den Tag in Eichstätt nach Lust und Laune und unabhängig von Fahrplänen ausklingen lassen.

Bahn/Bus: Mit der Bahn nach Dollnstein

Auto: Eichstätt ist über die A 9, Ausfahrt Ingolstadt-Nord, und weiter auf der B 13 zu erreichen. Große Parkplätze in Stadtnähe

Übernachtung: Das Wellness-Hotel Schönblick, etwas oberhalb von Eichstätt gelegen, hält, was sein Name verspricht. Mit Blick auf die historische Altstadt von Eichstätt bietet es einen schönen Wellnessbereich mit Innenpool und Infinity-Außenpool (www.schoenblick-hotel.net).

Einkehr: In Eichstätt haben wir im Gasthof Schneiders in der Pfahlstraße immer gut gegessen.

Information: www.eichstaett.de

 MEHRTAGESTOUR +++ MEHRTAGESTOUR +++ MEHRTAGESTOUR

Der Altmühltal-Panoramaweg

Der Altmühltal-Panoramaweg

Morgendlicher Talnebel beim Hotel Schloss Arnsberg nahe Kipfenberg

MEHRTAGESTOUR +++ MEHRTAGESTOUR +++ MEHRTAGESTOUR

Der Altmühltal-Panoramaweg
Im Tal der Täler

Der Altmühltal-Panoramaweg folgt meist dem Ufer der Altmühl und führt vorbei an Burgen, Schlössern und historischen Städten, deren Geschichte teilweise bis in die Römerzeit zurückreicht. Landschaftliche Höhepunkte sind die sonnigen Wacholderheiden und die wildromantischen Felsenlandschaften im Naturpark Altmühltal.

✓ Darum einzigartig

Harziger Duft entströmt den sonnigen Wacholderheiden. Dazwischen liegen schroffe Felsen und Klippen, wie sie nur die Kraft des Wassers gestalten kann. Der Naturpark Altmühltal geizt wahrlich nicht mit Höhepunkten: Ein Teil des Limes, immerhin UNESCO-Welterbe, liegt an der Strecke, ebenso wie die barocke Bischofsstadt Eichstätt, und auch zahlreiche Fossilien-Fundstellen im Juragestein kann man bewundern.

Herrlich beschaulich ... Die Altmühl ist einer der kleineren Flüsse in Bayern, aber gewiss einer der liebenswertesten, da sie so herrlich beschaulich dahinfließt und in weiten Teilen sehr naturbelassen ist. In ihrem Oberlauf holt sie sich langsam Kraft und wird vom Wiesenbächlein zum Fluss – Kraft, die sie braucht, um den Jura zu durchbrechen, der sie bis zu ihrer Mündung in die Donau bei Kelheim begleitet.

Hier entsteht das Bild der Altmühl, das wir alle so schätzen: ein tief eingeschnittenes, aber dennoch breites Tal, das von hohen Kalkfelsen begrenzt ist. In weiten Schleifen schlängelt sich der Fluss dahin und lässt reichlich Raum für kleine Dörfer, die noch unverbaut ihr altes, freundliches Gesicht bewahrt haben. Sogar die einzige Stadt im Unterlauf der Altmühl, Eichstätt, hat es verstanden, Maß zu halten – die Domtürme ragen als weithin sichtbare Landmarke über den Dächern empor, und darüber wacht die gewaltige Bastion der Willibaldsburg. In den letzten 30 Kilometern Flusslauf geht die Altmühl im großen Main-Donau-Kanal auf. Doch die Dörfer des Tals sind die alten geblieben bzw. sind liebevoll renoviert heute schöner denn je.

Die Altmühl ist auch bei Kanufahrern sehr beliebt.

Entlang des Flusses So eine Landschaft erkundet man am besten zu Fuß, und natürlich sollte man sich dafür Zeit lassen. Die Mehrtagestour startet zwar nicht an der Altmühlquelle, die übrigens unweit von Burgbernheim auf einer Wiese entspringt, doch sie touchiert alle wichtigen landschaftlichen und kulturellen Höhepunkte entlang des Flusses. Der Panoramaweg beginnt im mittelfränkischen Gunzenhausen, führt dann durch den oberbayerischen Regierungsbezirk bei Eichstätt und endet nach 200 Kilometern am Zusammenfluss der Altmühl mit der Donau im Städtchen Kelheim, das bereits auf Oberpfälzer Gebiet liegt.

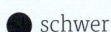 schwer    200 km    4000 Hm    10 Etappen

Ausgangspunkt: Gunzenhausen

Endpunkt: Kelheim

Tourencharakter: Eine 200 km lange Strecke, bei der wir mehr als 4000 Hm zurücklegen. In 10 Tagen lässt sich die Strecke gut bewältigen.

Information: www.altmuehltal.de

Blick vom Zirmgrat über das Vilstal (TOUR 12)

Das königliche Schwaben mit dem Allgäu

10 ● Leicht    6 km   🔺 400 Hm   🕐 2 Std.

Durch den Eistobel
Wasser, marsch!

Im Allgäuer Alpenvorland dominieren sanfte Hügel und weite Wiesen. Doch verbergen sich dazwischen so manche Überraschungen, die von Weitem nicht sichtbar sind. Dazu gehört der Eistobel, eine Schlucht, die das Wasser der Argen in vielen Jahrtausenden in die Landschaft geschnitten hat.

An kleinen Sandbänken vorbei fließt das Wasser friedlich dahin – und im nächsten Augenblick rotiert es gurgelnd und schäumend über eine Felskante. Tiefe Gumpen hat das Wasser in den Stein gefressen, dazwischen wirbelt und strudelt es und wird gleich darauf wieder zum sanften Plätschern. Auf dieser Wanderung erleben wir ein einzigartiges Allgäuer Wasserwunder: den Eistobel.

Abstieg zum Wasser Wir beginnen unsere Wanderung ganz in der Nähe der Argentobelbrücke bei dem kleinen Kiosk, bei dem wir auch unseren Obolus für die Wegbenutzung entrichten. Dieser Betrag ist sicherlich gerechtfertigt, denn dafür werden die Wege im Tobel bestens in Stand gehalten. Hinter dem Kiosk geht es über Stufen steil abwärts zum Fluss. Unten werden wir mit einem verbliebenen Bauteil an die alte Argentobelbrücke erinnert, die 1985 durch die moderne Stahlbetonbrücke ersetzt wurde. Die alte Brücke war zur Zeit ihrer Erbauung 1905–1907 die längste und höchste Brücke Bayerns und lockte viele Ausflügler an. Auch wenn es seltsam klingt: Die Brücke wird Argentobelbrücke genannt, der Tobel, so wird im Allgäu eine Schlucht genannt, ist aber der Eistobel.

Kaskaden und Strudellöcher Hier beginnt nun unser Weg durch den Eistobel, zunächst ganz unspektakulär neben dem Fluss. Wir kommen an harmlosen Kiesbänken vorbei, auf denen man Kinder beruhigt spielen lassen kann. Doch dann taucht das harte Nagelfluhgestein auf, das dem fließenden Wasser mehr Widerstand entgegensetzt als der Sandsteinboden. Dadurch entstehen Stufen im Flussbett, über die das Wasser in Kaskaden nach unten stürzt. Die

Durch den Eistobel

Wild tobt das Wasser im Eistobel.

Oberfläche der Nagelfluhfelsen ist durch die Steineinschlüsse nie ganz eben. Das darüber strömende Wasser fließt deshalb nicht glatt über den Felsen, sondern bildet immer wieder Strudel. In diesen verfangen sich Steine, die dann im Kreis herumgewirbelt werden. Auf Dauer höhlt das den Felsen immer tiefer aus, und es entstehen Löcher, die mehrere Meter Durchmesser haben können und im Lauf der Zeit immer tiefer werden. Auf unserem Weg durch die Schlucht kommen wir immer wieder an solchen Strudellöchern vorbei, die sehr tief sein können – sie als Badewanne zu benutzen, wäre zwar verlockend, ist jedoch lebensgefährlich! Auf den bestens ausgebauten Wegen könnte man den Tobel bequem in einer Stunde durchwandern. Aber hier gibt es so viel zum Schauen und auch zum Fotografieren, dass wir mindestens mit der doppelten Zeit rechnen sollten. Am Ende des Tobels treffen wir auf eine Brücke, auf der wir die Obere Argen überqueren.

Zur Ruine Hohenegg   Haben wir bis jetzt die Geologie des Allgäu erlebt, so können wir noch rasch einen Blick zurück ins Mittelalter werfen. Ein Wegweiser nach der Brücke schickt uns in fünf Gehminuten zur Ruine Hohenegg. Zugegeben, arg viel ist von der Burg nicht mehr übrig geblieben, zumindest

Auch in Isny spielt das Wasser an der Stadtmauer im Kurpark eine große Rolle.

erinnert ein Gedenkstein an die ehemalige Burg. Um 1200 entstanden, hatte sie einst große Bedeutung: Auf ihr lag immerhin die hohe Gerichtsbarkeit, d. h., der Burgherr konnte die Todesstrafe verhängen. Im Bauernkrieg 1525 wurde die Burg stark beschädigt und schließlich abgebrochen. Die Kapelle neben den Mauerresten hat mit der Burg nichts zu tun, sie wurde erst 1897 erbaut.

Zur Einkehr Auf dem Anstiegsweg kehren wir zum Wegweiser zurück, der uns zur Ruine gewiesen hat. Dieser Wegweiser zeigt uns auch den Weg nach Riedholz mit seinem Wirtshaus. Wir folgen also der neuen Richtung und steigen aus dem Eistobel heraus. In weiten Schleifen wandern wir zwischen Wald und Wiesen ins kleine Dorf Riedholz und treffen dort auf die Hauptstraße, auf der wir links schon von Weitem den Gasthof Adler sehen – er bietet sich nun wunderbar für eine ausgiebige Rast an. Nach der Pause ist es nicht mehr weit: Wir gehen auf der Dorfstraße vor zur Autostraße und erreichen auf dem parallel daran entlangführenden Fuß- und Radweg nach links in ein paar Minuten die Argentobelbrücke und damit wieder unseren Ausgangspunkt.

✔ Nicht versäumen

Ganz in der Nähe liegt die ehemals freie Reichsstadt Isny. Umringt von einer fast völlig erhaltenen Stadtmauer, blieb ihr mittelalterliches Bild gut erhalten. Die evangelische Kirche St. Nikolaus birgt über der Sakristei eine Bibliothek mit einem unglaublichen Bücherschatz, dessen Bestände bis ins späte Mittelalter zurückreichen (Besichtigung jeden Mi um 10.30 Uhr und jeden 1. Sa im Monat um 14 Uhr).

Der Eistobel zwischen Maierhöfen und Grünenbach

✓ Hier geht's lang

Ausgangs- und Endpunkt: Parkplatz Argentobelbrücke, Kiosk am Eingang zum Eistobel

Tourencharakter: Wanderung meist auf bequemen Wegen und kleinen Nebenstraßen, die man sogar im Winter – auf eigene Gefahr – begehen kann

Bahn/Bus: Mit dem Zug nach Isny oder Rothenbach, dann weiter mit dem Bus zur Argentobelbrücke

Auto: A 96 München–Lindau bis Ausfahrt Wangen-West und über die B 12 nach Isny, von der Umfahrung Isny rechts nach Maierhöfen und weiter zur Argentobelbrücke; Parkplätze rechts nach der Brücke

Übernachtung: In Isny kann man zwischen mehreren Hotels wählen. Etwas weiter nördlich von Isny ist der historische und wunderschön restaurierte Dorfgasthof Hirsch im Weiler Urlau sehr zu empfehlen (www.dorfgasthof-hirsch.de).

Einkehr: Unterwegs gibt es keine Einkehrmöglichkeit. Es lohnt sich eine eigene Brotzeit mitzubringen, denn zahlreiche Kiesbänke bieten sich als lauschiger Picknickplatz an. Wer sich mit hervorragenden heimischen Käsespezialitäten eindecken möchte, wird im nahen Isny in der Käseküche fündig. Dort gibt es Bioprodukte vom Feinsten.

Information: www.eistobel.de

11 ● Mittel   🥾 15 km   ⛰ 440 Hm   🕓 4 Std.

Von Oberstdorf nach Gerstruben
Ins kleinste Walsertal

Gerstruben wurde von den Walsern gegründet, einer Bevölkerungsgruppe, die aus dem Schweizer Wallis einwanderte. Malerisch liegt der Ort im Dietersbachtal, einem Seitental des Trettachtals unweit von Oberstdorf. Im Angesicht der imposanten Allgäuer Hochalpen dürfen wir auf dieser Wanderung Allgäuer Alpidylle vom Feinsten erleben.

Der kleine Weiler Gerstruben

✓ Darum einzigartig

Bezaubernd ist schon der Weg nach Gerstruben durch das Tal der Trettach: Zuerst eine Baumallee, die man andernorts kaum mehr findet, dann tauchen vor uns langsam die mächtigen und imposanten Allgäuer Hochalpen auf, und am Schluss überrascht noch der wilde Tobel, den unsere Vorfahren für den Eingang zur Hölle hielten.

Moorweiher mit Bergblick Wir beginnen am Marktplatz von Oberstdorf und gehen durch die Oststraße zur Nebelhornbahn und an ihr vorbei zur Trettachbrücke. Ohne sie zu queren, zweigen vorher rechts zwei Wege nach Gerstruben ab. Wir benutzen den breiten Weg, der etwas abseits vom Bach beginnt. Er führt an einer prächtigen Allee vorbei, zu der sich ein Abstecher lohnt. Wir laufen den kleinen Hügel hinab, biegen links ab und wandern nach dem Moorbad und dem Moorweiher durch lichten Mischwald. Vorbei am Golfplatz erreichen wir ein Teersträßchen, dem wir nach links folgen.

Durch den Hölltobel Bei der Verzweigung der Straße bleiben wir auf dem mittleren Weg und überqueren die Trettach. Hoch über dem Bergbach sticht die Trettachspitze wie eine kühne Felsnadel in den Himmel und verdeckt fast die viel berühmtere Mädelegabel – alles Bergziele, die man leider nur als sehr erfahrener und gut konditionierter Bergsteiger erreicht.

Gerade im Herbst ist die Allee bei Gerstruben besonders schön.

An der ersten Abzweigung nach Gerstruben wandern wir noch vorbei, folgen aber gut 750 Meter weiter beim Mumme-Stübele dem Schild nach links. Jetzt geht es durch den wilden Dietersbachtobel aufwärts. Die Felswände stehen hier z. T. nur knapp zwei Meter auseinander – nicht umsonst wird dieser Tobel auch Hölltobel genannt. Oberhalb davon treffen wir auf eine Fahrstraße und sind wenig später in Gerstruben angelangt.

Walser Bergsiedlung Die Schweizer Walser waren Klimaflüchtlinge. In ihrer alten Heimat im Wallis konnten sie sich aufgrund eines Absinkens der mittleren Jahrestemperatur nicht mehr von den Erträgen ihrer Felder ernähren und zogen weiter ins Dietersbach- und ins Kleinwalsertal. Diese Täler lagen niedriger und waren damit wärmer; dort konnten sie wieder vom gewohnten Ackerbau und der Viehzucht leben. Der Name ihres Dorfs weist schon darauf hin: Die Gerste war für sie die ertragreichste Ackerfrucht. In Gerstruben haben die Walser massive, aus schweren Balken gezimmerte Bauernhöfe errichtet. Sie stehen noch heute und geben ein wunderbares Fotomotiv ab.

Hinter dem Bauernhof und der Kapelle von Gerstruben ragt der Höfats in den Allgäuer Himmel.

Abstecher Im Sommer bietet sich noch eine zusätzliche Wanderung entlang des Dietersbachs bis zur Gerstrubner Alpe oder gar zur Dietersbacher Alpe an (hin und zurück: Gerstrubner Alpe 40 Min., Dietersbacher Alpe 2 Std.).

Über die Rautwiese Für den Rückweg steigen wir zwischen Jagdhaus und Kapelle auf einem mit »Spielmannsau« markierten Weglein ab und gehen über die Wiesen auf die Bäume zu. Steil abwärts queren wir den Dietersbach und wandern dann über die Rautwiese in zwei Serpentinen hinunter zum Talweg. Auf der kaum befahrenen Straße geht es nach rechts. Wir passieren die Abzweigung zum Hölltobel und erreichen talauswärts wieder die Trettachbrücke. Zur Abwechslung bleiben wir nun auf der rechten Bachseite, und immer dicht am Trettachufer entlang sind wir in einer halben Stunde wieder zurück in Oberstdorf. Jetzt ist bestimmt noch Zeit, um durch den beliebten Allgäuer Ort zu bummeln. Oberstdorf ist Ausgangspunkt für viele Bergtouren und hat sich durch den Tourismus schon lange zu einem lebendigen Zentrum im Oberallgäu entwickelt.

✓ Nicht versäumen

In Oberstdorf lässt sich eine Reise in die Vergangenheit ganz einfach unternehmen: mit einem Besuch im Heimatmuseum, das in einem der wenigen Häuser untergebracht ist, die den Dorfbrand 1865 heil überstanden. Wohnstube, Küche und Kammer erzählen vom Leben der alten Oberstdorfer, zahllose Bild- und Textdokumente versetzen uns in eine längst vergangene Zeit (www.heimatmuseum-oberstdorf.de).

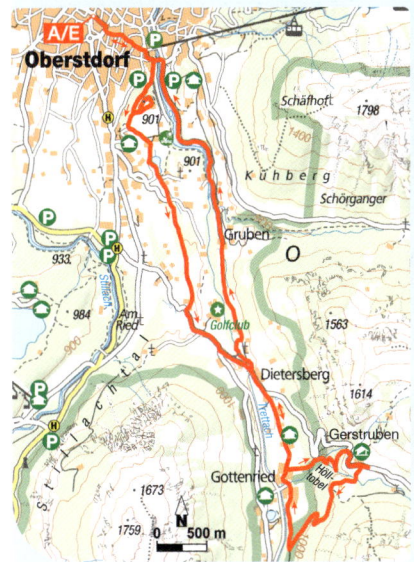

Auch in Oberstdorf lassen sich schöne alte Bauernhäuser entdecken.

✓ Hier geht's lang

Ausgangs- und Endpunkt: Marktplatz in Oberstdorf

Tourencharakter: Etwas längere Wanderung, die aber zu Beginn und am Ende fast eben verläuft. Dazwischen geht es auf bestens gesicherten Bergpfaden nach Gerstruben. Der etwas steilere Anstieg nach Gerstruben führt angenehm durch Wald.

Bahn/Bus: Mit der Bahn nach Oberstdorf

Auto: Über die A 7 und A 980 zur B 12 und auf ihr nach Oberstdorf; zahlreiche Parkplätze am Ortsrand

Übernachtung: Etwas gehobener, aber immer eine Sünde wert ist das Alpin Lifestyle-Hotel Löwen & Strauss. Auch dessen Restaurant lohnt sich immer, falls man es schafft, einen Platz zu ergattern (www.loewen-strauss.de).

Einkehr: Unterwegs mehrere Möglichkeiten. In Gerstruben kann man bestens in der Bergwirtschaft der Familie Dodier einkehren – ihre Wildgerichte aus der Gerstrubener Jagd sind weithin bekannt.

Information: www.oberstdorf.de

12 ● Mittel   15 km   680 Hm   4.30 Std.

Über den Zirmgrat
Ein Weg – ein Mythos

Zwischen Füssen und Pfronten erhebt sich der Falkenstein mit dem Zirmgrat. Die herrliche Natur mit gleich zwei Seen und nicht zu vergessen die geschichtsträchtige Burgruine machen diese Wanderung zum Genuss.

✓ **Darum einzigartig**

Auf dieser Wanderung jagt ein Highlight das andere. Egal, ob die spannende Burgruine Falkenstein, der stille Alatsee oder der quirlige Weißensee: Gekrönt wird das Ganze vom aussichtsreichen Zirmgratweg und dem Besuch der Saloberalm.

Zum Falkenstein Wir beginnen die Wanderung am Badegelände in Oberkirch am Weißensee und folgen dem Seeuferweg, das Wasser zu unserer linken Seite. Nach gut 500 Metern biegen wir rechts auf den Wanderweg ein und verabschieden uns vom Weißensee. Der Weg steigt an, und wir wandern parallel zur Bundesstraße auf einem Rad- und Fußweg zum Weiler Roßmoos. Hier folgen wir dem Linksverlauf der Straße und dann immer der Beschilderung »Falkenstein«. Ein geteerter kleiner Wirtschaftsweg bringt uns mit herrlichen Ausblicken auf Weißensee und die Füssener Bergwelt in den Wald. Nach 300 Metern wendet sich unser Weg nach rechts und wird steiler.

Schließlich stoßen wir in einer Kurve auf eine kleine geteerte Bergstraße. Zunächst folgen wir der Falkensteinstraße und gewinnen über zwei Kurven weiter an Höhe. Zum Hotel Falkenstein ist es nur noch ein Stück bergauf, und hinter dem Hoteleingang beginnt der Aufstieg zur Burgruine Falkenstein – eine kleine Herausforderung für nicht ganz Schwindelfreie, fällt doch nach Süden hin der Fels steil ab. Der Weg ist jedoch vorbildlich mit einem Eisengeländer gesichert und dürfte niemandem Probleme bereiten. Oben erwarten uns prachtvolle Ausblicke aufs Allgäu und die Überreste der Burg Falkenstein. Auf den alten Burgturm können wir sogar hinaufsteigen, und an der südlichen Mauerseite finden sich einige perfekt installierte Rastbänke für eine kurze Schau-, Verschnauf- und Verpflegungspause.

Wenn sich der Nebel lichtet, blickt man vom Falkenstein weit über das Allgäu und seine Berge.

Himmlischer Beistand Zurück beim Hotel, starten wir einen kurzen, aber interessanten Umweg zur Mariengrotte. Dafür wählen wir die Treppe, die rechts von der Hotelterrasse beginnt. Rechts von uns türmt sich der blanke Felsen des Falkensteins in die Höhe. Die Treppe endet und der Weg verläuft in einigem Zickzack abwärts zu einem quer verlaufenden Pfad. Mit wenigen Schritten nach rechts stehen wir dann vor einem mächtigen Felsspalt, in dem eine große Marienfigur errichtet wurde. Gebetsbänke und Opferkerzen zeigen, dass der Platz gern von Gläubigen besucht wird. Zurück geht es nun auf gleicher Strecke, diesmal weiter dem Pfad folgend, der schließlich in der Nähe des Gebirgsschützendenkmals wieder auf die Falkensteinstraße stößt. Dieser folgen wir nun zunächst auf dem bekannten Hinweg zurück. Kurz bevor wir wieder die Stelle erreichen, an der wir zu Beginn auf die Falkensteinstraße gekommen sind, beginnt nun nach rechts der Weg zum Zirmgrat.

Über den Zirmgrat Vorbei an einem alten Grenzstein aus dem Jahr 1773 folgen wir der Beschilderung »Zirmengrat/Salobergrat« in den Wald hinein. Wir sind nun auf einem Teilstück des großen Europäischen Weitwanderwegs E4 unterwegs. Der Waldweg steigt an und wird zu einem schmalen Berg-

Ein alter Grenzstein markiert den Einstieg zum Zirmgrat.

Über den Zirmgrat

Auf dem Zirmgrat wachsen Zirben.

pfad. Anfangs windet er sich noch entlang der Nordflanke, aber schließlich erreichen wir am Einerkopfsattel den Beginn des Zirmgratwegs. Nun geht es fast eben mit fantastischem Ausblick auf die Thannheimer Berge dahin. Für einen Grat ist der Weg breit und sicher genug. Die Zirben, im Dialekt »Zirm« genannt, sind jedoch nur mehr vereinzelt zu finden, der Raubbau in den vergangenen Jahren war zu intensiv.

An der letzten Erhebung des Zirmgrats, dem Zwölferkopf, wendet sich unser Weg nach links und verliert rasch an Höhe. In einer Waldbodensenke teilt sich dann der Weg, und es gibt nun zwei Möglichkeiten, um zur Saloberalm zu gelangen: Schön ist der Weg über die Aussichtskanzel Vierseen-Blick, die Weißen-, Hopfen-, Bannwald- und Forggensee ins Visier nimmt.

Am Ende der Tour lockt der Weißensee zu einem sommerlichen Bad.

Saloberalm und Alatsee Weiter abwärts erreichen wir dann die Grenze nach Österreich und die Saloberalpe, die in Bayern natürlich Alm genannt wird. Nun können wir einkehren und von der Terrasse nochmals die wunderbare Aussicht auf die Thannheimer Berge genießen. Nach der Pause wandern wir auf der Almstraße zurück auf die deutsche Seite und dann bergab zum Alatsee. Dieser idyllische und sagenumwobene Bergsee lädt erneut zu einer Rast ein; im Sommer kann man hier sogar baden.

Für den letzten Teil der Wanderung marschieren wir über den Wanderparkplatz am Alatsee und folgen ein kurzes Stück der Fahrstraße bergab. Dann zweigt links ein Fußweg ab, der uns steil durch den Bergwald hinab zum Südufer des Weißensees bringt. Dort folgen wir nur noch dem Uferweg nach links und erreichen so wieder unseren Ausgangspunkt.

✓ Nicht versäumen

Die Burgruine Falkenstein war der letzte große Traum König Ludwigs II. – es gab bereits konkrete Pläne, anstelle der Ruine ein feudales Schloss ganz in Ludwigs Fantasiestil zu errichten. Die gigantische Lage hoch über dem Vilser Tal mit Aussicht auf die Berge und auf Pfronten hat Ludwig II., genauso wie wir heute, damals schon geschätzt.

✓ Hier geht's lang

Ausgangs- und Endpunkt: Oberkirch am Weißensee

Tourencharakter: Konditionell nicht allzu anstrengende, aber längere Bergwanderung, vorwiegend auf breiten Almwegen, Bergstraßen und Pfaden. Einige Wegpassagen erfordern Trittsicherheit.

Bahn/Bus: Mit der Bahn bis Füssen und weiter mit Bussen nach Weißensee

Auto: Auf der B 310 von Füssen zum Weißensee. Der Parkplatz liegt direkt am Badegelände bei der Wasserwacht Weißensee-Oberkirch.

Übernachtung: 300 m vom Seeufer entfernt, begrüßt die Pension Seehof ihre Gäste (www.landhaus-seehof.de).

Einkehr: Die Saloberalm ist ein beliebtes Ausflugsziel; es gibt eine kleine Tageskarte mit warmen Gerichten und Kaffee und Kuchen. Am Alatsee liegt das gleichnamige Gasthaus.

Information: www.fuessen.de

13 ● Leicht  9 km  350 Hm  3.15 Std.

Von Füssen zum Schwansee
Königliche Wege

An die Stadt Füssen und ihr Umland hatte schon König Ludwig II. sein Herz verloren. Heute besuchen Menschen aus aller Welt Füssen und das königliche Schloss Neuschwanstein. Aber kaum einer wandert über den Kalvarienberg in den ehemaligen Schlosspark am Schwansee und begibt sich dann auf königliche Wege.

Diese Wanderung verbindet Aussichtspunkte, naturnahe Wege und unterhaltsame Lehrpfade mit einem Besuch des idyllischen Moorsees – schöner kann man nicht unterwegs sein in einer Landschaft, die schon König Ludwig II. einmalig fand.

Traum und Wirklichkeit Über den Märchenkönig Ludwig II. wurde viel gerätselt und geschrieben. Sicher ist, dass seine Mutter ihm in der Kindheit, die er im Sommer im Schloss Hohenschwangau verbrachte, die Augen für die Schönheit der Natur öffnete. Später führte er als König ein Leben zwischen Traum und rauer Wirklichkeit und war sich selbst bis zum Ende wohl ein Rätsel. Nur eines ist sicher: Seine Heimat, das Füssener Land, hat er geliebt.

Zum Kalvarienberg Wir starten in der Altstadt von Füssen, am oberen Ende der Reichenstraße beim Stadtbrunnen, auf dem der heilige Magnus den Drachen bezwingt. Mit Blick zum Schloss wenden wir uns nach links in die Ritterstraße und gehen an der ehemaligen Benediktinerabtei St. Mang vorbei. Auf der linken Straßenseite können wir der bunt bemalten Spitalkirche einen Besuch abstatten. Dann queren wir den Lech und wandern 200 Meter nach rechts flussaufwärts zur kleinen Kirche Zu Unserer Lieben Frau am Berg, die auf der anderen Straßenseite steht. Wir queren die Straße und wählen an der Kirche die Treppen aufwärts. Vorbei an den Kreuzweg-Stationen mit großen Ölbildern von der Leidensgeschichte Christi gewinnen wir rasch an Höhe. Wir passieren eine neugotische Gedenksäule und kurz darauf die Marienkapelle am Rand der Hirschwiese. Kurz danach sehen wir schon den Kalvarienberg vor uns. Mehrere Kapellen wurden hier übereinander

Füssen mit seiner malerischen Altstadt liegt direkt am Lechufer.

gebaut und obenauf eine Kreuzigungsgruppe errichtet. Von dort haben wir eine ungeahnt schöne Aussicht auf die Stadt, die Königsschlösser und das Alpenvorland.

Zum Schwansee Nach der Schaurast steigen wir an der linken Bergflanke ab und wandern zur Weggabelung. Hier wählen wir den rechten Pfad abwärts und folgen auf dem Drei-Schlösser-Weg der Beschilderung Richtung Schwansee. Nach dem Abstieg stoßen wir auf einen breiteren Wanderweg, dem wir nach links zur Talsohle folgen. Vor uns liegt schon der Schwansee. Auf unserem Seerundweg treffen wir links auf einige Badeplätze. Ursprünglich gehörte der nach Plänen von Peter Joseph Lenné angelegte Schwansee zum Hohenschwangauer Schlosspark. Der Gartenarchitekt integrierte ihn perfekt in die weitläufige Parklandschaft. Der kleine See ist ein idyllisches Kleinod und steht unter Naturschutz. Unvergesslich und einzigartig ist der wunderbare Ausblick auf Schloss Neuschwanstein.

Von Füssen zum Schwansee

Mit einem Abstecher können wir Schloss Hohenschwangau besuchen.

Am östlichen Seeufer teilen sich dann die Wege – wer möchte, kann in gut 20 Minuten einen Abstecher zum Schloss Hohenschwangau machen. Ansonsten gibt der See weiter die Richtung vor.

Ziegelwieser Naturerlebnis Über das bewachsene Nordufer stoßen wir, nur wenige Meter versetzt, auf den Wanderweg, den wir schon vom Hinweg kennen. Nun wenden wir uns nach links und folgen dem Weg in den Wald hinein. Kurz darauf teilt er sich. Die Beschilderung weist uns wieder nach links zum Walderlebniszentrum Ziegelwies. Fast schnurgerade führt der Weg durch den Wald und gewinnt noch etwas an Höhe. Schließlich, bei der Mündung des Alpenrosenwegs in unseren Wanderweg, stehen wir an einer Weggabelung: Geradeaus führt der Weg kürzer und schneller zum Bergwaldpfad des Natur-

Der Schwansee ist ein traumhaftes Naturidyll.

erlebniszentrums. (Der rechte Weg dauert etwas länger und führt in einem Bogen entlang eines Märchenpfads dorthin.) Beide Wege treffen am oberen Ende des Bergwaldpfads wieder zusammen. Wie in einer Zauberwelt liegen hier große bemooste Felsbrocken zwischen knorrigen Bäumen. Ein magisches Plätzchen, wenn auch die Steine von einem dramatischen Naturereignis, einem gewaltigen Felssturz, zeugen.

Darüber klären uns die Infotafeln des Erlebniswegs mit dem Thema »Bergwald-Schutzwald« auf. Wer möchte, kann links zu einem Rundweg über den Lehrpfad aufbrechen. Ansonsten folgen wir einfach den Stationen bergab und treffen schließlich im Tal an der Grenze zwischen Tirol und Bayern auf die große Staatsstraße. Der direkte Weg zurück führt an ihr entlang nach rechts.

Im Erlebniszentrum Ziegelwies gibt es einen Baumwipfelpfad.

Zum Lechfall Unterhaltsamer ist es, sich auf der anderen Straßenseite auf den nächsten Erlebnisweg, den Auwaldpfad, zu begeben. Von dort ist nicht nur ein Abstecher nach links zum Baumkronenweg möglich. Viel Spaß bereitet auch der mit Stationen und Informationstafeln gespickte Weg, der uns mal mehr und mal weniger nahe am Lechufer entlang durch den Auwald führt.

An seinem nördlichen Ende steigen wir dann ebenfalls zur Straße empor und stehen nach wenigen Metern vor dem berühmten Lechfall, einer felsigen Engstelle, durch die sich der Gebirgsfluss zwängt. Über den Steg wechseln wir ans andere Ufer, halten uns rechts und sind in 10 Minuten wieder im Zentrum von Füssen. Dort sollten wir trotz Trubel unbedingt noch eine Stadtbesichtigung unternehmen.

✓ Nicht versäumen

Natürlich sollte man die Königsschlösser Neuschwanstein und Hohenschwangau besuchen. Gerade Neuschwanstein ist weltberühmt, daher plant man den Besuch unbedingt frühzeitig – am besten über das Internet Eintrittskarten für eine Führung zu einer bestimmten Uhrzeit bestellen (www.neuschwanstein.de). Wer den Schlossbesuch mit der hier vorgestellten Wanderung verbinden möchte, legt ihn sich am besten gleich auf den Morgen, dann ist man nicht gehetzt – die gebuchten Uhrzeiten lassen sich nämlich nicht mehr ändern.

 Hier geht's lang

Ausgangs- und Endpunkt: Stadtbrunnen in Füssen

Tourencharakter: Leichte Wanderung, vorwiegend auf angenehm breiten Wanderwegen; nur beim Auf- und Abstieg zum Kalvarienberg ist der Weg etwas steiler. Bademöglichkeit

Bahn/Bus: Mit der Bahn bis Füssen

Auto: A 7 bis Füssen oder A 95 nach Murnau und über Bad Kohlgrub nach Steingaden, dann auf der B 17 bis Füssen. Kostenlose Parkmöglichkeiten am P 2 am Eissportzentrum

Übernachtung: In Füssen gibt es jede Menge Übernachtungsmöglichkeiten. Etwas außerhalb des Trubels, aber doch nahe und zudem wunderschön direkt am Ufer des Forggensees gelegen, ist das Hotel Zum See in Waltenhofen/Schwangau sehr zu empfehlen (www.hotel-schwangau.de).

Einkehr: Unterwegs keine bis auf einen kleinen Kiosk, der im Sommer am Schwansee betrieben wird; erst am Ende der Tour viele Möglichkeiten in Füssen

Information: www.fuessen.de

MEHRTAGESTOUR +++ MEHRTAGESTOUR +++ MEHRTAGESTOUR

Allgäuer Wandertrilogie

Allgäuer Wandertrilogie

Im Frühsommer blühen die Allgäuer Almwiesen wie auf der Beichelsteinalpe unübertroffen prächtig.

MEHRTAGESTOUR +++ MEHRTAGESTOUR +++ MEHRTAGESTOUR

Allgäuer Wandertrilogie
Himmelsstürmer, Wasserläufer und Wiesengänger

Ein ganz neuer Mehrtachesweg ist im Allgäu entstanden. Hier wurden drei Weitwanderrouten entworfen, passend für verschiedene Wandertypen: So führt der Weg der »Himmelsstürmer« hinauf in die hohen Allgäuer Berge, und die »Wasserläufer« sind im hügeligen Voralpengebiet unterwegs, während es die »Wiesengänger« gemütlicher angehen lassen.

Das Allgäu wird bei der Wandertrilogie in verschiedene Erlebnis- und Landschaftsräume unterteilt. So erlebt man beim Wandern nicht nur Natur und Landschaft, sondern auch Kultur und Geschichte der einzelnen Regionen. An vielen Wegpunkten erzählen Infotafeln, Kunstwerke und Objekte Geschichten über das Allgäu und die Menschen, die es präg(t)en. Ebenso finden sich über die gesamte Strecke verteilt wunderbare Rast- und Ruheplätze an vielen besonderen Stellen.

Trilogie der Steine So kann man nach Lust und Laune entscheiden, welchen Weg man erwandern möchte. Das Symbol der Wandertrilogie setzt sich deshalb auch aus drei übereinander gestapelten Steinen zusammen, für jeden Wandertyp einen. Das Tolle an der Wandertrilogie ist, dass die drei Wege ineinandergreifen und natürlich auch miteinander kombinierbar sind.

Über Berg und Tal Bergsteiger mit guter Kondition werden großen Spaß an der »Himmelsstürmer«-Route haben: Sie führt in 24 Etappen in einer großen Runde durch die Allgäuer Bergwelt – von den Ammergauer Alpen über das Thannheimer Tal zu den Bergen von Nesselwang, Sonthofen, Immenstadt und Oberstaufen und dann weiter über die Nagelfluhkette nach Oberstdorf zu den Allgäuer Hochalpen. Die Wegstrecken im Nordteil sind identisch mit denen der »Wasserläufer«-Route. Diese ist perfekt entlang vieler Flüsse und Seen angelegt. Sie sucht nicht das große Bergabenteuer, ist aber anspruchsvoll genug und begeistert mit ihren abwechslungsreichen Wegen durch die unverkennbare Allgäuer Voralpenlandschaft. Auf 25 Tagesetappen mit insgesamt 406 Kilometern und immerhin 12 000 Höhenmetern ist dort für jeden etwas dabei.

> Einige der Wanderungen führen hoch hinauf: hier am Wertacher Hörnle.

Die Route der »Wiesengänger« führt mit 21 Etappen auf 438 Kilometern durch die wunderschöne Hügellandschaft im Allgäuer Osten und Norden. Einige schöne Städte wie Marktoberdorf, Kaufbeuren, Wangen, Kempten und Memmingen liegen auf der Strecke, aber auch viele Moore und die Seenlandschaft werden von der beschaulichen Route berührt.

● schwer	 352 km 406 km 438 km	 17 300 Hm 12 000 Hm 5500 Hm	 24 Etappen 25 Etappen 21 Etappen

Ausgangs- und Endpunkt: Allgäu

Tourencharakter: Die »Himmelstürmer«-Route ist am schwersten: Auf 352 km verteilen sich 17 300 Hm. Die »Wasserläufer«-Route ist mit 12 000 Hm und gut 406 km ebenfalls noch als schwer einzustufen. Die »Wiesengänger«-Route führt über 5500 Hm und 438 km und ist mittelschwer bis schwer.

Information: www.allgaeu.de

Am Rauhen Kulm in der Oberpfalz (TOUR 14)

14 ● Leicht    3,8 km   ▲ 150 Hm   ⏲ 1.20 Std.

Auf den Rauhen Kulm
Vulkane in Bayern

Steine über Steine, wie von Riesenhänden übereinander getürmt, dazwischen knorrige Bäume und Sträucher, die in der unwirtlichen Umgebung ums Überleben kämpfen – so präsentiert sich der Rauhe Kulm. Er wird bekrönt von einem hohen Aussichtsturm, der uns weite Ausblicke über die Oberpfalz bis hinein in den Bayerischen Wald ermöglicht.

Darum einzigartig

Der Rauhe Kulm, ein Vulkan, der niemals zum Ausbruch kam, ist einer der imposantesten Basaltberge Bayerns. Von Weitem sichtbar, steht er unweit von Neustadt im Oberpfälzer Wald. Karg und doch voller Leben, so lässt er sich kurz beschreiben, und definitiv einzigartig mit seinen wüstenähnlichen Schutthalden und dem knorrigen Baumbewuchs.

Start in Neustadt Wir starten am großzügig angelegten Marktplatz von Neustadt Richtung Osten und halten direkt auf den 682 Meter hohen Rauhen Kulm zu. So queren wir die Filchendorfer Straße, halten uns dann links und biegen gleich wieder rechts in den Sandbergweg. Jetzt geht es fast schnurgerade hinauf, und wir folgen der Beschilderung »Aussichtsturm«. Über einen Parkplatz hinweg geht es durch einen Wald und wir erreichen, eine Forststraße querend, den oberen Gipfelaufbau mit den verwitterten Basaltsäulen.

Zum Aussichtsturm Um den Aussichtsturm zu erreichen, müssen wir zunächst rechts über den steinigen Weg die Schutthalde bezwingen. Schon hier ist die Aussicht wunderschön und der Weg sehr malerisch. Nach ein paar Minuten erreichen wir einen Rastplatz, biegen nach links und überwinden die letzten Höhenmeter zum Aussichtsturm. 100 Stufen führen zur Plattform hinauf.

Wunderschön ist die Aussicht vom Fichtelgebirge mit dem Ochsenkopf zu den Höhen des Oberpfälzer Walds und nach Westen bis hin in die Fränkische Alb.

Abstieg nach Norden Vom Turm steigen wir dann auf der Nordseite abwärts und erreichen wieder die Rastbank. Für den finalen Abstieg geht es nun jedoch

Verwunschen windet sich der Weg über alte Basaltsäulen auf den ehemaligen Vulkan.

Schon von Weitem erkennt man den einstigen Vulkankegel über Neustadt.

nach links. Hier finden wir eine dick mit Moos bewachsene, grüne Blockhalde vor. Am unteren Ende der Felsen setzen wir unseren Weg kurz nach rechts fort. Dann stoßen wir auf einen breiten Forstweg, auf dem wir nun nach links die nördliche Seite des Vulkankegels umrunden. So treffen wir wieder auf den Hinweg und laufen zum Ausgangspunkt zurück. Wobei wir vorher noch das völlig neu erbaute Informationszentrum besuchen können. Hier entschlüsseln wir dann die letzten Rätsel rund um das Naturwunder Rauher Kulm.

✓ Nicht versäumen

Neben dem Rauhen Kulm liegt am anderen Ende des Orts der Kleine Kulm, der einen eigenen Schlot hatte; auch er ist einen Besuch wert.

✓ Hier geht's lang

Ausgangs- und Endpunkt:
Neustadt am Kulm

Tourencharakter: Leichte Wanderung, die jedoch etwas Trittsicherheit verlangt – der Gipfelaufbau ist sehr steinig und mitunter rutschig.

Bahn/Bus: Mit der Bahn nach Kemmnath/Neustadt; dann entweder dort mit der Wanderung beginnen (dann über die Nordseite) oder mit dem Bus nach Neustadt weiterfahren

Auto: A 9 bis Ausfahrt Trockau, über Creussen nach Speichersdorf und dort rechts nach Neustadt am Kulm; viele Parkplätze in der Ortsmitte

Knorrige Bäume wachsen am Wegrand.

Übernachtung: Etwas südlich von Neustadt liegt das Kloster Speinshart, wo wir bestens im Hotel Kloster-Gasthof übernachten können. Das historische Gebäude ist modern eingerichtet, und die Zimmer sind eine Oase der Ruhe. Der angeschlossene Gasthof ist ebenfalls zu empfehlen (www.kloster-speinshart.de).

Einkehr: Einfach, aber sehr nett ist der Gasthof Zur Sonne am Marktplatz von Neustadt (Do Ruhetag).

Information: www.neustadt-am-kulm.de

15 ● Leicht  7 km  200 Hm ⏲ 2 Std.

Von Kelheim nach Weltenburg
Wanderung mit Flussschifffahrt

Von Kelheim führt der Weg zur Befreiungshalle und weiter über das Donausteilufer zum Kloster Weltenburg. Die Donau zwängt sich in diesem Abschnitt durch ein enges Felsenkorsett, den Donaudurchbruch. Diesen dürfen wir dann hautnah bei der Rückfahrt mit dem Schiff erleben.

Die Weltenburger Klosterkirche, erbaut durch die Gebrüder Asam

Ludwigs Befreiungshalle Wir starten mit unserer Wanderung an der Schiffslände in Kelheim – vorab informieren wir uns über die Rückfahrzeiten der Schiffe, damit wir wissen, wie wir später zurückkommen werden. Zunächst geht es flussaufwärts entlang der Donau. Wir queren den kleinen historischen Ludwig-Donau-Main-Kanal und steigen danach vom Donaudamm rechts hinunter in die Fischergasse. Zunächst folgen wir dem Linksknick der Fischergasse, biegen dann jedoch rechts in die Löwengrube ein und passieren die Franziskanerkirche, die heute ein Orgelmuseum beherbergt. Kurz danach beginnt links der Aufstieg zur Befreiungshalle. Wir wollen der Beschilderung »Waldroute II« bis nach Weltenburg folgen. In Kurven schlängelt sich der Weg steil das alte Donauhochufer hinauf.

✓ Darum einzigartig

Keine andere Wanderung verbindet Geschichte und Kunst von Weltrang so perfekt mit klösterlicher Braukunst und einer romantischen Flussschifffahrt durch eine wilde Felsschlucht.

Zum Glück ist es schattig, denn wir kommen ganz schön ins Schwitzen. Belohnt werden wir mit den ersten schönen Ausblicken über Kelheim. Dann lichtet sich der Wald, und wir stehen vor dem pompö-

Weltenburg liegt direkt am Donauufer.

sen Treppenaufgang der runden Befreiungshalle, die wir natürlich besichtigen. König Ludwig I. von Bayern, der Erbauer der Befreiungshalle, erlebte als Kind und Jugendlicher die Französische Revolution und anschließend Napoleon als europäischen Diktator. Dass aus ihm kein Freund Frankreichs wurde, ist verständlich. Mit der Befreiungshalle, deren Bau 1842 auf seine Veranlassung begonnen wurde, wollte er an die gewonnenen Schlachten gegen Napoleon erinnern, durch die Europas Länder von der Macht Napoleons befreit wurden.

Schattiges Donauhochufer Wer nach der Besichtigung Hunger hat, findet das nette Café-Bistro Ludvico am Ende der Parkanlagen beim Museumshop. Dort setzt sich dann auch unsere ausgeschilderte Waldroute fort. Direkt hinter dem Café biegt unser Weg links in den Wald; die Beschilderung zeigt uns stets die richtige Richtung. Im leichten Auf und Ab, aber ohne größere Steigungen geht es nun zum Kloster Weltenburg. Das letzte Stück verliert der Weg dann rascher an Höhe, und wir erreichen das Donauufer. Auf der anderen Uferseite sehen wir bereits das Kloster Weltenburg; von April bis Anfang November – wenn es kein Hochwasser gibt – befördert uns gegen eine kleine Gebühr eine Zille, ein traditionelles Fischerboot, hinüber. Falls das nicht der Fall sein sollte, müssen wir noch für einen knappen Kilometer weiter flussaufwärts wandern, um dann in Stausacker die Seilfähre zu nehmen.

Die Besichtigung der Befreiungshalle bremst uns bei der Wanderung etwas aus.

Je näher wir Weltenburg kommen, desto größer erscheint uns die Klosteranlage.

Kunst von Weltrang Am Kloster angelangt, finden wir in der Klosterschenke eine willkommene Einkehr, falls wir unsere Energiespeicher wieder auffüllen wollen. Auf keinen Fall versäumen dürfen wir den Besuch der Klosterkirche. Das Kirchenschiff ist in mystisches Halbdunkel gehüllt, das gibt den richtigen Kontrast zum Hochaltar – hier sprengt der Ritter Georg, geschnitzt von Egid Quirin Asam, in den Raum, stößt mit seinem Flammenschwert auf den Drachen ein und befreit die lybische Prinzessin Alexandra. Der ganz in Silber und Gold gefasste heilige Ritter und das ihn umspielende strahlende Licht symbolisieren seine himmlische Sendung. Die irdische Welt (der Drache und die Prinzessin) ist dagegen in dunkle und damit in irdische Farben gekleidet. Einen zweiten – und jetzt direkten – Blick in den Himmel erlaubt das Deckenfresko von Cosmas Damian Asam. Im Zentrum sehen wir die Dreifaltigkeit mit Maria, umgeben von allen wichtigen Heiligen, die im Kloster verehrt wurden. Ganz am Rand blickt dann Cosmas Damian Asam selbst auf die Beter hinunter und symbolisiert somit den Übergang von der himmlischen zur irdischen Welt. Das ist Kunst von Weltbedeutung in dem kleinen Kloster am Donauufer. Überraschend für alle Besucher ist aber außerdem die

Von Kelheim nach Weltenburg

Kelheim liegt zwischen der Donau und dem Main-Donau-Kanal.

Erkenntnis, wie nahe die Gebäude am Ufer der Donau liegen. Eine gar nicht so hohe Kiesbank schützt Weltenburg vor dem Flusswasser. Dass die Donau aber auch anders kann, als auf dem sommerlichen Foto zu sehen, zeigen die Hochwassermarken am Klostergebäude. Wenn der Pegel nach starkem Regen steigt, werden innerhalb von wenigen Stunden hohe Schutzmauern aufgezogen. Ohne sie wäre das Kloster schon lange untergegangen.

Wilder Donaudurchbruch Nach dem Klosterbesuch folgen wir der Donau noch ein kleines Stück flussabwärts. Der Wanderweg endet genau an der Schiffsanlegestelle. Von dort bringt uns ein Schiff zurück nach Kelheim. Dabei ist die Fahrt auf diesem Flussabschnitt durch den wilden Donaudurchbruch allein schon ein Erlebnis, das jeder einmal im Leben in Bayern erlebt haben sollte.

✓ Nicht versäumen

Von Weltenburg aus fließt die Donau durch den Jura. Die begrenzenden Felswände sind 80 m hoch. An der engsten Stelle ist der Fluss nur mehr 110 m breit, dafür aber 20 m tief. Die Strömung ist auch bei normalem Wasserstand entsprechend reißend, kann aber von motorisierten Schiffen ohne Weiteres bewältigt werden. Früher, zur Zeit der geruderten Schiffe, war das auch flussabwärts eine gefürchtete Stelle. Flussaufwärts nutzte man lange Stangen, die vorne einen Haken hatten. Die hängte man an einem Eisenring ein, der in der Felswand befestigt war – so konnte man das Schiff auf eine Schiffslänge flussaufwärts ziehen. Diese Ringe hängen heute noch in den Felsen.

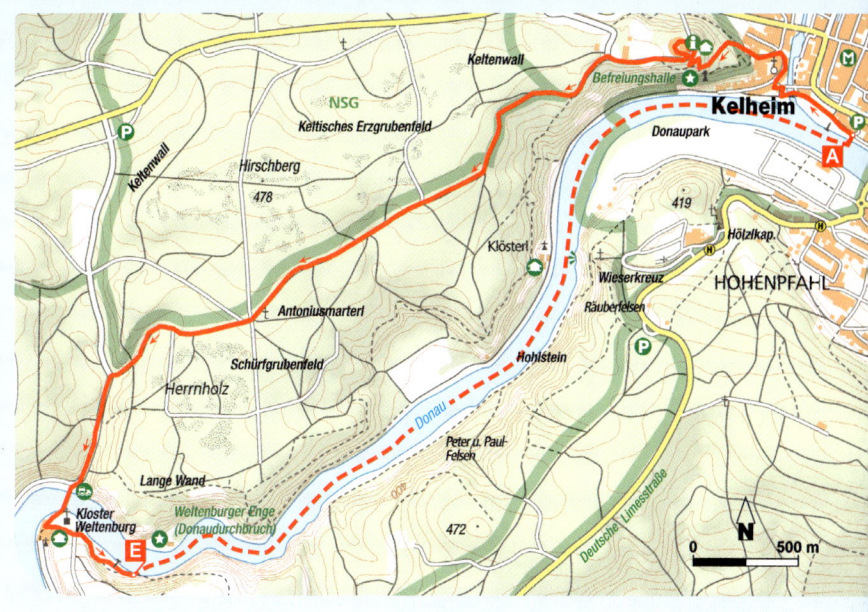

✓ Hier geht's lang

Ausgangspunkt: Kelheim, Donauufer

Endpunkt: Kloster Weltenburg

Tourencharakter: Schattige Wanderung auf guten Wanderwegen. Die Rückfahrt erfolgt mit dem Schiff (Rückfahrzeiten beachten!).

Bahn/Bus: Mit dem Zug nach Regensburg und weiter mit dem Bus nach Kelheim

Auto: A 93 nach Kelheim. Bei den Schiffsanlegestellen gibt es Parkplätze.

Übernachtung: Das Gästehaus St. Georg liegt innerhalb der historischen Klostermauern und ist ein wunderbarer Ort der Stille (www.kloster-weltenburg.de).

Einkehr: Am Kloster Weltenburg gibt es die legendäre Klosterschenke mit hauseigenem Bier, das in der ältesten Klosterbrauerei der Welt gebraut wurde. Für ein frisch gezapftes »Weltenburger Barock Dunkel« und eine deftige Oberpfälzer Brotzeit strömen die Besucher in Scharen hierher.

Information: www.schiffahrt-kelheim.de

16 ● Leicht   2,6 km    170 Hm    1.30 Std.

Zur Burg Falkenstein
Felsige Wunderwelt

Wir erforschen heute eine Wunderwelt an Felsen, die sich in den Wäldern unterhalb von Burg Falkenstein verbirgt. Stege, Leitern und Pfade verbinden die Felsgebilde. Uns erwartet ein wahres Labyrinth an Felsengassen, mit dem Besuch des Aussichtsturms als krönendem Abschluss.

✓ Darum einzigartig

Ein Wunder der Natur und wirklich einzigartig sind die bizarren Felsformationen in den Wäldern rund um Burg Falkenstein. Verschlungene Wege führen in die fantasievolle Wunderwelt, die durch Verwitterung innerhalb von Tausenden Jahren entstanden ist.

Froschwege und Herzbeutelgasse Wir starten am Marktplatz in Falkenstein und folgen der Burgstraße bergauf, passieren noch die Abzweigung zum Wanderparkplatz und biegen dann links ins Felsenlabyrinth auf den Frosch- und Himmelssteig ab. Der gesamte Wald unterhalb der Burg Falkenstein ist von mehreren Felsengartenwegen durchzogen. Der Froschsteig gehört zu den schönsten Abschnitten, aber natürlich lohnt es sich auch, mit einigen Abstechern und Umwegen alle anderen Wegabschnitte zu besuchen. Auf unserem Froschsteig wird es schon nach wenigen Minuten spannend: Über den Teufelssteg kommen wir zum Froschmaul, halten uns hier links und versuchen nun, alle wichtigen Sehenswürdigkeiten wie Himmelsleiter, Herzbeutelgässchen oder den Hohlen Stein zu finden. Denn ein bisschen dreht man sich dabei im Kreis, aber es macht wirklich viel Spaß, die zahlreichen Pfade zu erforschen. Sie führen abwechslungsreich zwischen, unter und über die Felsen. Je schmaler und dunkler die Durchgänge werden, desto abenteuerlicher und spannender wird es.

Bei den Burgherren Mit etwas Orientierungssinn erreichen wir schließlich von unten kommend über einen Pfad den Wanderparkplatz, den wir beim Aufstieg passiert haben. Es wäre schade, die Tour schon hier zu beenden, denn der kurze Aufstieg über die Burgstraße zur Burg Falkenstein lohnt sich auf alle

Die großen Felsformationen geben herrliche Fotomotive ab.

Spaß macht die Wanderung definitiv!

Fälle. Oben angekommen, genießen wir vom Burgturm eine herrliche Aussicht über die Hügel des Bayerischen Walds. Bei guter Sicht kann man nicht nur bis zum Großen Arber im Bayerischen Wald blicken, sondern erkennt auch das Voralpenland. Hunger und Durst lassen sich in der Burggaststätte stillen, und das kleine Burgmuseum »Jagd und Wild« lockt ebenfalls zu einem Besuch.

Anschließend geht es entweder auf dem Hinweg zurück ins Tal oder mit einer neuen Runde durch das Leuchtmoos und über den Teufelsstein auf die Nordseite des Burgbergs, wo wir in einem weiten Bogen nach links dann ebenfalls zurückkehren. Von dieser Wanderung können wir einfach nicht genug bekommen!

✓ Nicht versäumen

Auf Burg Falkenstein finden alljährlich im Sommer die traditionellen Burghofspiele statt, bei denen mit viel Witz und Spielfreude Theaterstücke aufgeführt werden.

✓ Hier geht's lang

Wer erkennt das Froschmaul?

Ausgangs- und Endpunkt: Marktplatz Falkenstein

Tourencharakter: Mehrere Rundwege führen durch das Felsenlabyrinth unterhalb von Burg Falkenstein. Steile Auf- und Abstiegspassagen wechseln mit schmalen und steinigen Pfaden. Etwas Trittsicherheit ist erforderlich; bei nasser Witterung können die Steine sehr rutschig sein. Die angegebene Zeit ist ohne Pausen

gerechnet, denn hier ist so viel zu schauen und zu entdecken, dass man mit einem kräftigen Zeitzuschlag rechnen muss (wir haben für den Rundweg gut 3 Std. benötigt).

Bahn/Bus: Mit der Bahn nach Regensburg und weiter mit dem Bus nach Falkenstein

Auto: A 3 bis Ausfahrt Wörth oder Kirchroth und weiter nach Falkenstein. Dort von der Altstadt aus durch die schmalen Gassen hinauf in die Burgstraße; an deren Ende befindet sich ein großer Wanderparkplatz. Dann startet man mit der Wanderung vom Parkplatz aus.

Übernachtung: Der Gasthof Zur Post in Falkenstein bietet einfache und ruhige Zimmer (www.zur-post-falkenstein.de).

Einkehr: Zur Zeit (2022) ist die Burggaststätte wegen Pächterwechsel geschlossen. In der Ortsmitte gibt es alternativ das Gasthaus zur Post, die Pizzeria Laguna Blues oder indische Küche bei Namaste India.

Information: www.burg-falkenstein.info

17

 Mittel  15 km  800 Hm  5 Std.

Auf den Großen Arber
Der König vom Wald

Der 1456 Meter hohe Große Arber im Arber-Massiv ist einer der schönsten Aussichtsgipfel im bayerisch-böhmischen Grenzgebiet. Gern wird er als »König des Bayerischen Walds« bezeichnet. Dabei ist er bestens erschlossen, was der wunderschönen Natur jedoch keinen Abbruch tut.

Der Große Arber ist das ganze Jahr über wegen seiner wunderbaren Aussicht einzigartig. Aber besonders spektakulär ist er im Winter, denn dann verwandelt der kalte böhmische Wind die Bäume rund um den Gipfel in ein märchenhaftes Wunderland, »bewohnt« von vielen Tausend Arber-Mandln.

Einer für alle Und gerade, weil er von einem großen Wandernetz überzogen ist, darf er in diesem Buch auf keinen Fall fehlen. Die verschiedenen Wandermöglichkeiten, die wir für seine Besteigung nutzen können, erlauben so auch unterschiedlich konditionierten Wanderern das Gipfelerlebnis Großer Arber. Ob bei einem gemütlichen Spaziergang oder bei einer herausfordernden Tagestour: Es ist sicherlich für jeden etwas dabei.

Die leichte Variante Wer den Arber mit einer leichten Wanderung erobern möchte, gönnt sich die Auffahrt mit der Arber-Seilbahn, deren Talstation unweit von Bayerisch Eisenstein an der Brennesstraße liegt. Bei der Bergstation der Arber-Bahn angekommen, starten wir zu einem kurzen Gipfelspaziergang und steigen zuerst einige Meter aufwärts, bis der eigentliche Rundweg beginnt. Vor uns liegt eine verhältnismäßig flache Hochebene von etwa 500 Metern Durchmesser, die nach allen Seiten recht steil abfällt. Das ist der Stumpf eines einst gewaltigen Berggipfels, der über Millionen von Jahren hinweg durch die Erosion abgetragen wurde. Der eigentliche Arbergipfel ist nur ein flacher Felsen, den ein Gipfelkreuz markiert. Die beiden mächtigen Radartürme vor uns werden von der Deutschen Luftwaffe betrieben. Etwas unterhalb des Gipfels steht die Arberkapelle, deren Vorgängerin schon 1806 erbaut wurde. Nachdem die alte Kapelle durch die extremen Witterungs-

Nur wer früh aufsteht, erlebt den Großen Arber so einsam.

verhältnisse mehrere Male zusammengebrochen war, stiftete der Grundherr, Fürst Friedrich Wilhelm von Hohenzollern, 1957 den Neubau.

Die Sicht ist wunderschön, z. B. hinunter auf den Lamer Winkel, ein Tal, das sich vom Arber aus nach Westen zieht. Im Lauf von Jahrtausenden wurde es durch den Weißen Regen geformt, der dem Kleinen Arbersee entspringt und zuerst Seebach heißt, ehe er weiter unten im Tal bei Seebach zum Weißen Regen wird. Langsam wendet sich unser Weg nach Süden, und tief unter uns liegt der Kleine Arbersee mit seinen schwimmenden Inseln. Richtung Süden dürfen wir an einem klaren Tag bis zu den Alpen schauen: Mit einem Fernglas können wir die Chiemgauer Alpen mit der zackigen Kampenwand gut identifizieren, und weiter links liegen die Berge des Salzkammerguts, die vom schneebedeckten Dachstein überragt werden. Der Blick nach Osten auf die riesigen Waldgebiete des Bayerischen Nationalparks und auf den tschechischen Sumava-Nationalpark, das größte geschlossene Waldgebiet Europas, scheint schier unendlich. Am Ende des Rundgangs angekommen, können wir uns in einer der beiden Gaststätten an einem Mittagessen oder einer Brotzeit laben, ehe wir gemütlich mit der Gondel wieder ins Tal schweben.

Auf den Großen Arber

Auf dem Gipfelplateau des Großen Arbers

Der schönste Weg Ein längere, aber sehr zu empfehlende Wanderung führt von Bodenmais entlang der Rißloch-Wasserfälle über die Südseite hinauf zum Arber-Plateau. Dafür starten wir am Wanderparkplatz Rißlochweg in Bodenmais und folgen dem Rißbach auf dem steinigen Weg (grüne Markierung Nr. 2) Richtung Rißloch-Wasserfälle. Bald endet der bequeme Weg, und wir kommen auf einem Pfad dem Wasserlauf und den Wasserfällen ganz nahe. Kraftvoll und gewaltig fließt das Wasser zwischen moosbewachsenen Steinen ins Tal. Eine traumhafte Urwaldlandschaft!

An der oberen Brücke folgen wir links dem Weg Nr. 2 in Richtung Großer Arber. Zweimal queren wir einen Fahrweg und steigen über den Seesteig 2b weiter auf. Der Weg trifft auf den Verbindungsweg vom Arber zum Mittagsplatz. Letzteren lassen wir rechts liegen und gehen stattdessen links weiter aufwärts, nun dem Weg Nr. 1 Richtung Gipfel folgend. Oben angekommen, ist es Zeit für eine Rast, eine Einkehr oder ebenfalls für den Gipfelrundweg. Der Abstieg beginnt Richtung Westen und führt uns zur Chamer Hütte, die unterhalb des Kleinen Arbers liegt. Hier können wir vor dem finalen Abstieg noch einmal einkehren. Von dort gelangen wir auf dem Weg Nr. 2a über die Rißlochfälle wieder zurück zum Ausgangspunkt.

✓ Nicht versäumen

Seit 1965 findet jährlich am vorletzten Sonntag im August die Arberkirchweih statt. Dieses traditionelle Bayerwald-Fest wird mit einem Gottesdienst am Vormittag und anschließender großer Feier mit Musik und Tanz rund um das Arber-Schutzhaus begangen.

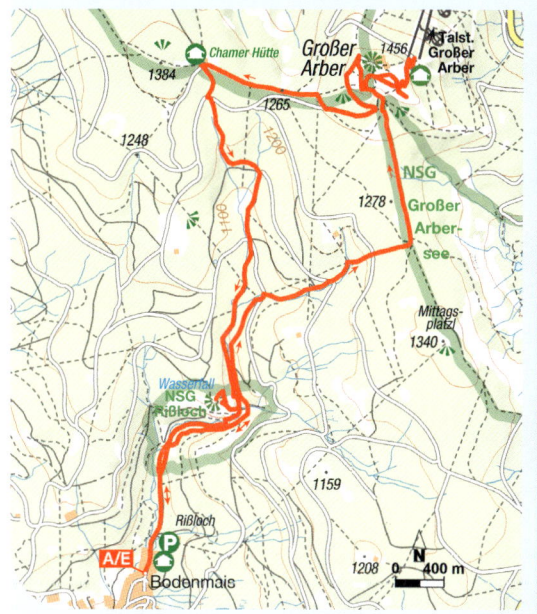

Beim Aufstieg passieren wir die Rißlochfälle.

✓ Hier geht's lang

Ausgangs- und Endpunkt: Bodenmais, Wanderparkplatz Rißlochweg

Tourencharakter: Etwas längere Bergtour. Der Aufstieg führt überwiegend durch schattige Wälder. Die Wege sind bestens beschildert, im Bereich der Rißloch-Wasserfälle und am Gipfel ist etwas Trittsicherheit nötig.

Bahn/Bus: Mit der Bahn bis Plattling, von dort mit der Waldbahn über Zwiesel nach Bodenmais

Auto: Von Deggendorf über die Rusel-Bergstrecke und über Bischofsmais und Regen nach Bodenmais

Übernachtung: Das liebevoll eingerichtete Landhaus »Meine Auszeit« ist eine charmante Unterkunft in Bischofsmais mit hervorragendem Frühstück (www.landhausmeineauszeit.de).

Einkehr: Die Eisensteiner Hütte, das Arber-Schutzhaus und die Bergstation der Seilbahn mit Gasthaus liegen auf dem Gipfelplateau direkt nebeneinander.

Information: www.bodenmais.de

18  Mittel  5,5 km  280 Hm  2.30 Std.

Auf den Lusen
Granitblöcke und Glaskunst

Über die »Himmelsleiter« geht es zum wohl schönsten Granitblockmeer des Bayerischen Walds. Wir wandern dabei durch eine Urlandschaft, wie sie eindrucksvoller kaum sein könnte. Nicht zu vergessen der grenzenlose Weitblick, den wir vom Gipfel des Lusen genießen dürfen.

Darum einzigartig

Bei der Wanderung auf den Lusen geht es nicht nur um das Gipfelerlebnis – einzigartig führt sie durch geschädigte Wälder, die wieder zu neuem Leben erwachen, hinauf zum mächtigen steinernen Blockhaupt. Ein wilder Gipfelaufbau und eine unendlich weite Fernsicht, kombiniert mit dem komplexen Entstehen und Vergehen der Natur: Schöner geht es kaum!

Auf goldener Straße ... Viele Wege führen zum Lusengipfel. Einer der bequemsten und auch kürzesten ist der Aufstieg ab dem Lusen-Parkplatz, bei dem wir aber trotzdem in den vollen Landschaftsgenuss kommen. Wir folgen dem gut ausgeschilderten Wanderweg mit dem Luchs-Symbol, der in nordwestlicher Richtung beginnt. Er wird auch Sommerweg genannt, startet als leicht ansteigende Bergstraße und führt anfangs noch durch lichten, gesunden Wald. Wir befinden uns auf einem der alten Verbindungswege, einer historischen Handelsstraße, die Bayern mit Böhmen verband. Auf diesem historischen Böhmweg, der »Guldenen Strass«, wurden Salz und andere Waren von den Donauhäfen durch den Bayerischen Wald nach Böhmen transportiert. Heute ist der Böhmweg ein gern begangener Mehrtages-Wanderweg.

... zur himmlischen Leiter Stets dem Luchs-Zeichen folgend, erreichen wir bald eine unverkennbar markierte Wegkreuzung, an der neben der kleinen Schutzhütte ein großes Kunstobjekt, die Glasarche, steht. Hier beginnt der schnurgerade angelegte und anfangs noch gar nicht so steile Sommerweg. Doch die Bäume werden nun schon deutlich lichter. Auch wenn wir den Gipfel direkt vor unserer Nase haben, lohnt sich auf halber Strecke ein kleiner Umweg über

Auf den Lusen

Überall erwacht neues Leben nach der großen Borkenkäferplage.

den Hochwaldsteig. Der Rundwanderweg führt über Bretter und Bohlen in die vom Borkenkäfer zerstörten Waldzonen, auf denen heute wieder das erste Grün wächst. Wir treffen wieder auf den Sommerweg, und nun ist es nicht mehr weit bis zum Beginn der »Steinernen Himmelsleiter«. Diese holprige Steintreppe müssen wir bezwingen, bevor wir uns ins Gipfelbuch eintragen dürfen. Gut 500 Stufen sollen es sein – etwas anstrengend, aber angesichts des unendlich großen Haufens aufgetürmter, von schwefelgelben und giftgrünen Flechten überwucherter Granitfelsen sehr spannend.

Großes Gipfelglück Mit jedem Schritt wird die Aussicht schöner, und schließlich stehen wir ganz oben am schlichten Gipfelkreuz des Lusen. Mit seinen stattlichen 1373 Metern gehört er zu den höchsten Zielen im Bayerischen Wald. Dementsprechend schön ist die Rundumsicht, und man kann mit Sicherheit sagen, dass einem fast das ganze Gebiet zu Füßen liegt. Nur der Gipfelaufbau des Großen Arbers und der benachbarte Rachel versperren uns ein wenig die Sicht. Einsam sind wir hier heroben nicht, aber auf einem der zahlreichen Granitblöcke finden wir bestimmt ein Rastplätzchen, auf dem wir verschnaufen können, bevor wir uns nach dem ausgiebigen Gipfel-Weitblick-Genuss auf den Rückweg machen.

Heute zeigt sich der Gipfel im Nebel, was der Stimmung keinen Abbruch tut.

Abstieg auf dem Winterweg Vom Gipfel folgen wir der Beschilderung zum Lusenschutzhaus über die Südseite. Der Weg durch das Felsenmeer ist auf dieser Seite deutlich kürzer. So stehen wir schnell vor dem gemütlichen Berggasthaus, in dem wir sogar übernachten könnten; bestimmt findet sich ein Platz auf der Terrasse für eine Einkehr. Der weitere Abstieg erfolgt dann wieder auf einem breit angelegten Wanderweg, der gemächlich in einer weiten Rechtskurve bergab führt. Bald erreichen wir wieder grünere Buchenwaldbestände, und nun ist es nicht mehr weit bis zu unserem Ausgangspunkt.

✓ Nicht versäumen

Die Glasarche ist ein Kunstobjekt, das 2003 aus der Zusammenarbeit bayerischer und böhmischer Künstler entstand. Die fast 5 m lange Arche besteht aus 480 Glasplatten, umgeben von einer großen hölzernen Hand. Das Kunstobjekt reiste durch die Grenzregion und stand als Zeichen für Frieden, Freude und Toleranz an verschiedenen Orten. Jetzt hat sie ihren festen Platz am Böhmweg, der hier u. a. in den Goldsteig mündet.

Viele abgestorbene Bäume prägen den Lusen.

✓ Hier geht's lang

Ausgangs- und Endpunkt: Waldhäuser, Lusen-Parkplatz

Tourencharakter: Kleine Bergtour, die auf einem gut ausgeschilderten Rundweg meist über breite Wanderwege verläuft. Nur das letzte Stück zum Gipfel führt steil über steinerne Stufen – hier sollte man etwas trittsicher sein (gutes Schuhwerk!). Bei Nässe ist hier Vorsicht geboten, Rutschgefahr!

Bahn/Bus: Von Mai bis Anfang Nov. fährt der Igelbus von allen größeren Orten über Waldhäuser hinauf zum Lusen-Parkplatz.

Auto: Waldhäuser liegt mitten im Nationalpark Bayerischer Wald und ist von der Nationalparkstraße über die Waldhäuser Straße gut zu erreichen: durch Waldhäuser an der kleinen Kirche vorbei aufwärts bis zum Wanderparkplatz Lusen, auch Waldhausreibe genannt, wo die Straße für den öffentlichen Verkehr endet. Von Mitte Mai bis Mitte Nov. ist diese Straße zwischen 9–16 Uhr nur mit dem Igelbus befahrbar. Dieser verkehrt stündlich. Im Winter ist diese Fahrstraße komplett gesperrt.

Übernachtung: Im nahen Sankt Oswald am Rand des Nationalparks liegt das sehr charmante kleine Bio-Hotel Pausnhof mit Restaurant, Sauna, Pool und Garten (www.pausnhof.de).

Einkehr: Lusenschutzhaus (ab Ostern bis Ende Okt. täglich geöffnet, von Jan. bis Ostern nur Fr–So geöffnet)

Information: www.bayerischer-wald.de

19 ● Leicht    8 km    50 Hm    2.30 Std.

Durch die Buchberger Leite
Ein grünes Paradies

Die Buchberger Leite lässt sich zwischen Freyung und Ringelai in unmittelbarer Flussnähe durchwandern. Die wildromantische Schlucht mit ihren dick bemoosten Steinen verläuft durch herrlich grüne Wälder. Der Weg ist identisch mit einem Abschnitt des Europäischen Pilgerwegs »Via Nova«.

Von Freyung aus machen wir uns auf den Weg.

Alte Triftwege   Wir starten am Wanderparkplatz Buchberger Leite, etwas außerhalb von Freyung. Gleich zu Beginn überqueren wir auf dem Brücklein den Saußbach und folgen links der Beschilderung zur Buchberger Leite. Vorbei am Klärwerk und dem Restaurant Seehaus unterqueren wir die hoch über uns verlaufende B 12. Am Brückenpfeiler finden wir ein Aussichtsplateau, von dem wir mit viel Glück Biber oder Fischotter sehen können. Am kleinen Stausee vorbei passieren wir die Staumauer mit ihrer Fischtreppe, und schon geht es auf einem schmalen Pfad entlang des Saußbachs.

Bis Ringelai folgen wir stets der Beschilderung Nr. 3 bzw. Nr. 1. Entlang unseres Wegs stehen viele Infotafeln zum Thema »Mensch und Natur in der Buchberger Leite«; sie erklären geologische Besonderheiten, die Wasserkraft-Nutzung oder die Trift. Wie wichtig diese Art des Holztransports war, erkennt man an der aufwendig mit Flusssteinen bebauten Uferböschung. Fein säuberlich wurden die Bachränder

✓ **Darum einzigartig**

Wildnis, Wasser, Felsen, eine Hängebrücke, ein dunkler Gang, große und kleine Steine und ganz viel Grün: In der Wildbachklamm Buchberger Leite gibt es auf kleinen Wegen abseits der Zivilisation vieles zu entdecken.

Spannend ist der Weg am Wasserkanal in der Nähe des Reschwassers in der Buchberger Leite.

befestigt, sodass sich das Holz leichter hinunter zur Ilz transportieren ließ. Heute sind die Steine nicht mehr überall fest verankert – die Natur erobert das Flussbett zurück.

Im grünen Paradies   Je weiter wir im leichten Auf und Ab dahin wandern, umso wilder mutet das Tal an. Nach einem kleinen Kraftwerk stößt ein Kanal zu unserem Weg. Wir überqueren ihn auf einem kleinen Steg und wandern entlang seiner dicht mit Moos bewachsenen Kanalmauer. Wir bleiben vorerst konstant auf dieser Uferseite und queren dann auf einer Holzbrücke den von rechts kommenden Reschwasserbach. Er vereint sich wenige Meter weiter mit unserem Fluss zur Wolfsteiner Ohe. Ein Stück weiter bieten sich am Ufer ein paar Plätze zur Rast an. Dann versperrt uns eine Felsmauer den Weg, nur ein Tunnel ermöglicht den Durchgang. Auf der anderen Seite liegen die ehemalige Buchbergmühle und das große Carbid-Werk, das sich heute auf die Herstellung künstlicher Kristalle spezialisiert hat.

Hangeln auf der Hängebrücke   Für den Weiterweg gehen wir durch den Torbogen und biegen gleich danach rechts auf die linke Uferseite ein. Das Bachbett wird noch enger, und das Wasser sucht sich seinen Lauf an den Stellen, die ihm gefallen. Über eine wacklige, aber spannende Hängebrücke wechseln

Durch die Buchberger Leite

Das nachgebaute Keltendorf Gabreta in Lichtenau bei Ringelai ist sehenswert.

wir dann noch einmal die Uferseite. Jetzt wird es ruhiger, das Tal öffnet sich, der Flusslauf verbreitert sich, und das Wasser strömt nun viel gemächlicher dahin. Wir passieren eine wild sprudelnde Quelle, deren eiskaltes Wasser wie in einem Whirlpool aus dem Boden dringt. Dann treffen wir am Leitenweg auf die ersten Häuser von Ringelai. Nach dem Sägewerk nehmen wir an der großen Brücke Abschied von unserem Fluss. Links geht es zur Bushaltestelle, rechts in die Ortsmitte oder zum Gasthaus Koller, dessen Biergarten wir wärmstens empfehlen können.

✓ Nicht versäumen

Bei Ringelai lebten vor gut 2500 Jahren Kelten von Ackerbau und Viehzucht. Ihr Leben können wir im nahen Keltendorf Gabreta nachvollziehen. In dem Freilichtmuseum lernt man ihre Arbeitsweisen hautnah kennen (www.keltendorf.com).

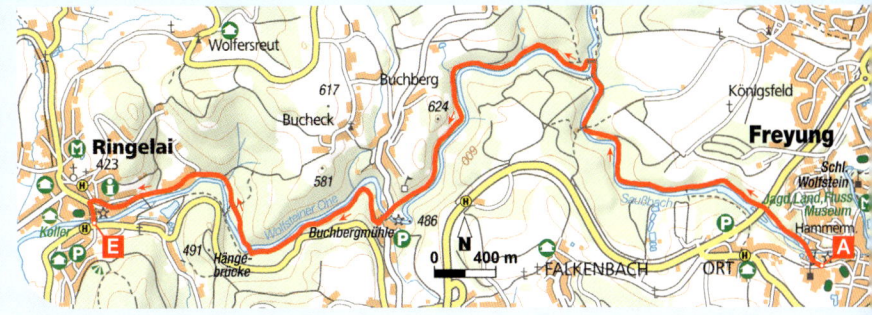

Ausgangspunkt: Freyung

Endpunkt: Ringelai

Tourencharakter: Fast flache Streckenwanderung entlang von Flüssen. Vor allem an heißen Sommertagen eine perfekte Wanderung für etwas Abkühlung. Für den Rückweg muss man ein Taxi oder den Bus (s. Info) einplanen.

Bahn/Bus: Die Ilztalbahn von Passau nach Freyung verkehrt nur in den Sommermonaten am Wochenende. Ansonsten ist der Ort über den regionalen Busverband Ost (RBO) zu erreichen.

Auto: Von der B 12 aus Westen kommend im Ortsteil Ort Richtung Freyung fahren und auf der ST 2132 Richtung Zentrum. Gleich am Ortsanfang am ersten großen Parkplatz links in die Zuppinger Straße, am Freibad vorbei und links zum Parkplatz Festplatz bzw. etwas weiter zum Wanderparkplatz Buchberger Leite

Übernachtung: In Ringelai hat sich das Hotel Groß auf Wandern und Wohlfühlen spezialisiert (www.hotel-groß.de), aber auch im Gasthaus Koller kann man gut übernachten (www.landhotel-koller.de).

Einkehr: Unterwegs keine; am Ende der Tour in Ringelai das sehr nette, liebevoll dekorierte Gasthaus Koller

Information: www.freyung.de

 MEHRTAGESTOUR +++ MEHRTAGESTOUR +++ MEHRTAGESTOUR

Der Goldsteig

Nicht nur Wälder erlebt man am Goldsteig, auch weite Landschaften wie hier bei Lalling.

MEHRTAGESTOUR +++ MEHRTAGESTOUR +++ MEHRTAGESTOUR

Der Goldsteig
Auf historischen Wegen

Der Goldsteig ist mit seinem Verlauf durch den Oberpfälzer und den Bayerischen Wald der längste Weitwanderweg Deutschlands. Neben seiner Zertifizierung als Prädikatswanderweg lockt er mit seinen naturbelassenen Wegen, die auf der gesamten Strecke immer wieder an wichtigen kulturellen Sehenswürdigkeiten vorbeiführen.

✓ Darum einzigartig

Einzigartig ist das breite Spektrum der Landschaften, die wir auf dem Goldsteig erleben. Zahllose Seen, mächtige Vulkanberge, tiefe romantische Täler und zu guter Letzt im Nationalpark Bayerischer Wald die »Tausender« Ziele, die höchsten Gipfel im böhmisch-bayerischen Grenzgebiet, die, die 1000 Meter Höhengrenze knacken.

Vom weißen Gold ... Der Goldsteig hat seine Ursprünge im frühen Mittelalter. Auch wenn es in Ostbayern wirklich Goldfunde gab und bis heute gibt, so handelte es sich nicht um Goldtransporte, die über diesen Weg verbracht wurden – ähnlich wie Gold war zur früheren Zeit das Salz äußerst rar und teuer. Es wurde in den Alpen abgebaut und dann mit Flößen an die Donau gebracht. Von dort transportierte man das »weiße Gold« auf Saumpfaden, also kleinen, aber wichtigen Handelswegen, weiter nach Böhmen. Natürlich wurden diese Transporte mit klingender Münze bezahlt, sodass man wirklich von einem »Goldsteig« reden konnte.

... zum Wander-Gold Heutzutage ist der Weitwanderweg für uns Gold wert: Er glänzt nicht nur wegen seines herausragenden Wandergenusses, er verbindet auch Geschichte und Kultur mit den landschaftlichen Höhepunkten und führt abwechslungsreich durch viele nahezu unberührte Wälder. Der Wanderweg beginnt in Marktredwitz in der Oberpfalz und führt dann durch Niederbayern. Das Einzigartige ist, dass er sich nach den ersten acht Etappen teilt:

Der Goldsteig

Der erste Teil der Wanderung ist verhältnismäßig eben und führt an zahllosen Fischteichen vorbei ins romantische Tal der Waldnaab. Ein geologischer Lehrpfad weist schließlich auf die Vulkankegel hin, die aber schon längst erloschen sind. Kurz hinter Oberviechtach teilt sich der Weg, und man muss sich zwischen der Nord- und der Südroute entscheiden.

Über Gipfel und durch Wälder Die Nordvariante führt nahe der tschechischen Grenze in den Bereich der Gipfelziele, die über 1000 Meter hoch sind. Sie fordert etwas mehr Kondition, lockt aber mit Gipfeln wie Großem Arber, Falkenstein, Rachel, Lusen und Dreisessel. Durch das Kerngebiet des Nationalparks Bayerischer Wald wandernd, erreicht man schließlich an der österreichischen Grenze entlang das Ziel Passau. Die Südvariante verläuft etwas gemütlicher. Sie führt durch weite Wälder und über sanfte Wiesen, die manchmal ganz überraschend weit über den Gäuboden nach Süden schauen lassen, mit etwas Glück bis zur Alpenkette. Über das Ilztal erreicht man dann ebenfalls Passau. Ganz besonders interessant ist, dass der Goldsteig zudem auch noch ein weitverzweigtes Netz an Zuwegen und Extra-Runden und einige weitere Mehrtages-Varianten bietet.

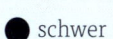 schwer 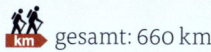 gesamt: 660 km 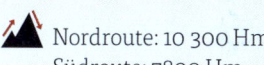 Nordroute: 10 300 Hm
Südroute: 7800 Hm  24 Etappen

Ausgangspunkt: Marktredwitz

Endpunkt: Passau

Tourencharakter: Ein durchgehend gut markierter Weg, dessen Erkundung sich auch in Einzeletappen lohnt. Die Nordroute (Etappen N10–N23) ist schwieriger als die Südroute (Etappen S8–S22), die auch um ca. 50 km kürzer ist. Je nach Variante sind zwischen 7800 und 10 300 Hm zu überwinden.

Information: www.goldsteig-wandern.de

An der Fischunkelalm (TOUR 25)

Der wilde Süden mit den Alpen

20 • Leicht  300 m  25 Hm ⏲ 2 Std.

Leichte Variante auf die Zugspitze
Höher geht's in Deutschland nicht

Die bis zu 250 Kilometer weit reichende Fernsicht auf über 400 Gipfel in Deutschland, Österreich und Italien sollte man einmal im Leben gesehen haben. Seit ihrer Erstbesteigung im Sommer 1820 durch Josef Naus und Johann Tausch hat sich allerdings vieles auf der Zugspitze verändert.

Blick aufs tiefer gelegene Zugspitzplatt

Viel geboten Die Erstbesteiger würden die Zugspitze heute sicherlich nicht mehr erkennen. Die beiden letzten Gletscher, der Schneeferner und der Höllentalferner, sind zu kleinen Schneeflächen geschrumpft. Gigantisch hingegen ist die touristische Infrastruktur am Berg: Skilifte überziehen das Zugspitzplatt, und mehrere Restaurants erfüllen fast jeden gastronomischen Wunsch. Aber eines ist gleich geblieben: die wirklich fantastische Aussicht auf ein riesiges Meer an Alpengipfeln, die sich schier endlos bis zum Horizont aneinanderreihen.

Viele Wege Auf die Zugspitze führen natürlich mehrere Wege, die jedoch für den Otto-Normal-Wanderer nicht unbedingt geeignet sind. Trotzdem wollen wir die möglichen Wanderrouten hier kurz nennen. Die einfachste Möglichkeit, den höchsten Berg Deutschlands zu Fuß zu erklimmen, führt durch die Partnachklamm und das Reintal. Eine deutlich anspruchsvollere Tour ist die Besteigung der Zugspitze über das Höllental. Auch von der Österreichischen Seite führen zwei Wanderrouten hinauf.

✓

Höher geht nicht, zumindest nicht in Deutschland. Die Zugspitze ist mit ihren 2962 m der höchste Punkt Deutschlands und allein schon deshalb eines der beliebtesten Reiseziele im eigenen Land.

Auf dem Gipfel der Zugspitze ist immer was los.

In Bayerns höchstgelegener Kapelle findet im Sommer jeden Sonntag ein Gottesdienst statt.

Der Eibsee ist der krönende Abschluss der Wanderung.

Ein leichtes Spiel Aber es gibt auch einen ganz einfachen Weg hinauf zum höchsten Gipfelglück: Ganz bequem mit der Zugspitzbahn. Die neue Seilbahn – ein Wunderwerk der Technik – heimste gleich ein paar Einträge im Guinnessbuch der Rekorde ein: Einzigartig ist die 127 Meter hohe Stahlbaustütze, für Pendelbahnen die höchste der Welt; überwunden wird der weltweit größte Gesamthöhenunterschied von 1945 Metern in einer Sektion, und die Bahn hat mit 3213 Metern weltweit das längste freie Spannfeld.

Drei Superlative, die alleine schon einen Ausflug wert sind. Aber das Beste daran ist, dass man die Auffahrt mit der Zugspitz-Zahnradbahn kombinieren kann: So wählt man für die Auffahrt die neue Seilbahn und besichtigt die Zugspitze in ihrem Gipfelbereich; danach schwebt man ein ganz kurzes Stück mit der Gletscherbahn hinunter aufs Zugspitzplatt, zum eigentlichen Zugspitzgletscher. Dort finden wir kurze und leichte Wandermöglichkeiten, wie z. B. den interaktiven Erlebnisweg. Darüber hinaus können wir Deutschlands am höchsten gelegene Kapelle besichtigen, an Gletscherführungen teilnehmen, oder wir starten zu einer einmaligen (ganzjährigen) Rodelpartie. Für Kinder gibt es einen Kraxelparcours und den Alpinpark, und wer Hunger verspürt, kehrt im »Gletschergarten« ein. Alles in allem die perfekte »Light Version« für ein glückliches Gipfelerlebnis. Zurück benützt man dann die Zahnradbahn, die in der Nähe der Talstation der Seilbahn hält.

✓ Nicht versäumen

Mehrmals im Jahr kann man zum Frühstücken bereits zu Sonnenaufgang hinauf zum Panorama-Gipfelrestaurant auf der Zugspitze fahren – ein tolles Erlebnis, dieses Mal mit der österreichischen Bergbahn (www.zugspitze.at).

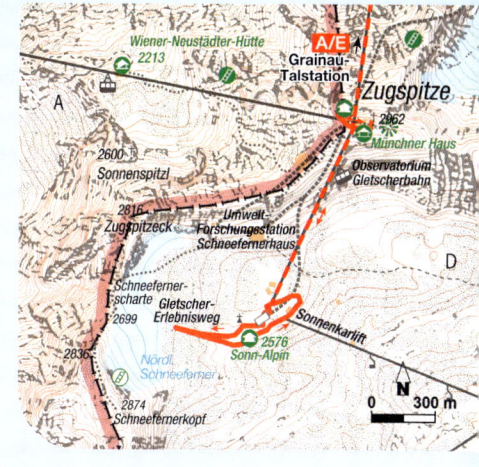

Ausgangs- und Endpunkt:
Grainau, Talstation der Zugspitzbahn

Tourencharakter: Durch die Auffahrt mit der Seilbahn und Abfahrt mit der Zahnradbahn (oder umgekehrt) ein leichtes Spiel. Ganz oben am Münchner Haus ist es »nur« eine Besichtigung. Etwas mehr wandern können wir am Zugspitzplatt. Nicht ganz so einfach ist der Übergang zum eigentlichen Gipfel; der felsige Steig ist nur mit Schwindelfreiheit und Trittsicherheit zu schaffen.

Bahn/Bus: Mit der Bahn nach Garmisch-Partenkirchen, dort umsteigen in die Zugspitzbahn

Auto: In Garmisch-Partenkirchen der Beschilderung nach Grainau folgen. Dort links durch den Ort und weiter zur Talstation der Zugspitzbahn am Eibsee

Übernachtung: Mit etwas Planung kann man sogar auf der Zugspitze im Münchner Haus übernachten. Dabei handelt es sich aber nicht um ein Hotel, sondern um eine einfache klassische Bergsteigerunterkunft mit Lager-Schlafplätzen (www.alpenverein-muenchen-oberland.de). Wer ein Wochenende in Grainau verbringen möchte, übernachtet deutlich bequemer im Eibsee-Hotel in einmaliger Lage (www.eibsee-hotel.de).

Einkehr: Im modernen Panoramarestaurant »2962« auf der Zugspitze genießt man inmitten mächtiger Berge mit Traumaussicht sein Essen – einfach ein Erlebnis, egal ob im Innenbereich oder auf der Sonnenterrasse.

Information: www.zugspitze.de

21 ● Mittel   11,5 km   580 Hm   3.30 Std.

Über den Eckbauer durch die Partnachklamm
Garmischer Wasserwege

Eine der schönsten Wanderungen führt über bunt blühende Wiesen hinauf zu Deutschlands höchstgelegenem ganzjährig bewohntem Dorf Wamberg. Mit tollen Ausblicken über das Werdenfelser Land geht's dann vom Eckbauern über das Graseck durch die Partnachklamm, wo wir ein wildes Naturschauspiel erleben.

> ✓ **Darum einzigartig**
>
> Unter uns schäumt das Wasser und zwängt sich durch enge Felsen, an vielen Stellen tropft es von oben herab, und die Luft ist feucht. Auf 800 m Länge hat die Partnach eine tiefe Klamm in den Felsen gegraben. Das bereits 1912 zum Naturdenkmal erklärte Wasserschauspiel fasziniert das ganze Jahr über.

Aufstieg über Wamberg Ausgangspunkt ist das Olympiastadion Garmisch-Partenkirchen. Wer es eilig hat, kann die erste anstrengende Hälfte der Wanderung abkürzen und mit Hilfe der Eckbauernbahn in 20 Minuten hinauf zum Eckbauern schweben – und sich so fast 670 Höhenmeter ersparen. Wanderlustige gehen zu Fuß auf der Auenstraße an den Tennisplätzen vorbei, dann kurz an der Bahnstrecke entlang, passieren das Schwimmbad und biegen am Krankenhausparkplatz rechts in die Kainzenbachstraße ein.

Dort, wo diese Straße links abbiegt, geht es geradeaus weiter, und wir folgen der Beschilderung Richtung Wamberg. Jetzt wird es anstrengend: Recht steil führt der Weg abwechselnd durch Wald und über Wiesen nach Wamberg hinauf. Kurz vor Wamberg genießen wir schon die ersten schönen Blicke auf Alpspitze, Waxenstein und Zugspitze. Dann erreichen wir am Bergfriedhof vorbei das Dorf Wamberg.

Natürlich werfen wir einen Blick in die 1720 erbaute Kirche, die der heiligen Anna geweiht ist. Eine schöne Figur der Kirchenpatronin – sie hält auf dem

Wild strömt das Wasser durch die Partnachklamm.

Sogar im Winter kann man zu dieser Wanderung starten.

Arm ihre Tochter Maria und das Enkelkind Jesus – steht im Zentrum des eleganten Hochaltars. An den Seiten des Kirchenschiffs stehen gleich zwei Pestpatrone, die Heiligen Sebastian und Rochus – zu gut waren damals wohl noch die Pestepidemien des 17. Jahrhunderts in Erinnerung, denn die Figuren entstanden nur 30 Jahre nach der letzten Seuche.

Zum Eckbauer Von der Kirche aus gehen wir weiter zur Kreuzung, biegen rechts ab und wandern jetzt Richtung Eckbauer. Der Weg führt weiter steil aufwärts und erlaubt uns noch einen schönen Rückblick auf das kleine Dorf. Über den Wiesen taucht die Alpspitze auf, die wegen ihrer pyramidenartigen Form der viel höheren Zugspitze immer wieder die Schau stiehlt. An der Abzweigung zur Elmauer Alm halten wir uns rechts und erreichen, leicht ansteigend, einen Wiesenrücken, der uns eine außergewöhnlich schöne Sicht auf das gesamte Wettersteingebirge, das Karwendel um Mittenwald und auf die nördlichen Vorberge bietet. Wer nicht beim Eckbauern einkehren will, sollte hier rasten und die Aussicht genießen. Danach passieren wir die Bergstation der Seilbahn und stehen kurz darauf beim Gasthaus Eckbauer mit seiner schönen Aussichtsterrasse.

Abstieg nach Graseck Vom Gasthaus Eckbauer folgen wir der Beschilderung »Graseck« auf dem Weg, der direkt über die Terrasse verläuft. Zunächst steigen wir über viele Serpentinen auf einem schmalen Wanderweg bergab. Dann halten

Aussichtsreich sind die Wiesen am Eckbauer.

Im Sommer blühen die Almwiesen bei Wamberg.

wir uns an der Forststraße rechts und wandern nach Graseck. Hier warten mehrere Möglichkeiten zur Einkehr auf uns: das moderne Berghotel »Das Graseck«, die Almwirtschaft Hanneslabauer oder die Kaiserschmarrn-Alm. Letztere erreichen wir nach links am Weg zur Partnachklamm.

Wildes Wasser Nach den letzten Häusern von Graseck steigen wir auf einem schmalen Pfad steil zur Partnach hinunter. Nach rechts erreichen wir das obere Ende der Klamm. Seit über 100 Jahren ist die Partnachklamm für Touristen erschlossen. Der Weg wurde aufwendig in die Felsen geschlagen oder verläuft über gut gesicherte Stege und Brücken. An ein paar Stellen müssen wir den Kopf einziehen, denn Felsvorsprünge ragen hervor, und einige Tunnel sind niedrig. Der ständig erforderliche Unterhalt der Wege wird durch den »Wegzoll« finanziert, der am Ende der Klamm zu entrichten ist. Viel zu schnell haben wir das untere Klammende erreicht und wandern noch gut 30 Minuten auf der Zufahrtsstraße zu unserem Ausgangspunkt zurück.

Alternativ stehen auch Pferdekutschen am Ende der Klamm und transportieren wandermüde Bergfreunde gegen einen kleines Entgelt zurück zum Olympiastadion.

✓ Nicht versäumen

Im Winter, wenn die Wände von Eiskristallen bedeckt sind, können wir ebenfalls durch die Partnachklamm wandern. Eine verzauberte Reise ins Märchenland einer Eiskönigin – absolut sehenswert!

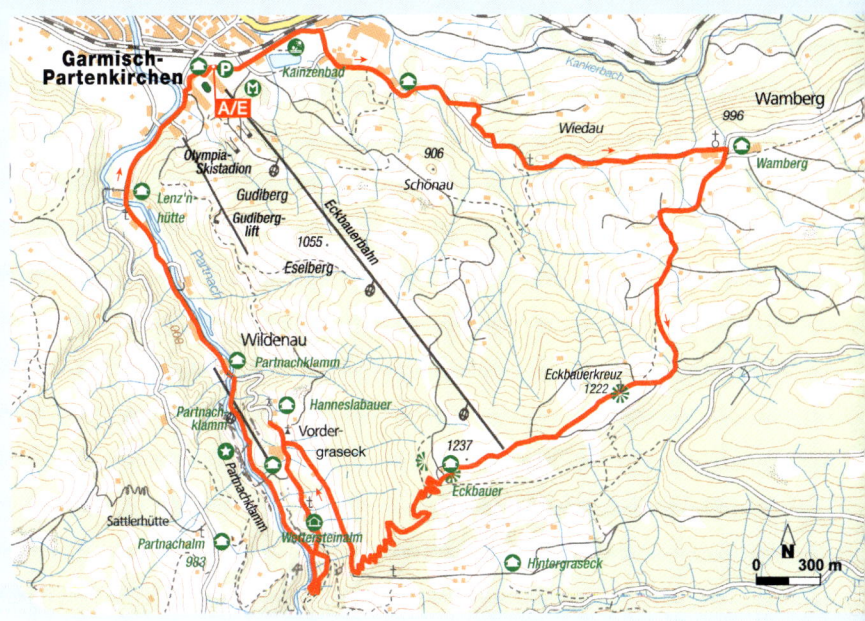

✓ Hier geht's lang

Ausgangs- und Endpunkt: Olympiastadion in Garmisch-Partenkirchen

Tourencharakter: Technisch einfache, aber etwas steilere Wanderung. Mit Seilbahn-Auffahrt können wir uns den ersten Teil sparen. Der Abstieg ist ebenfalls relativ steil. Für die Klamm braucht man auch im Sommer eine Jacke. Die Klamm ist gegen Eintritt fast das ganze Jahr über begehbar; nur bei Tauwetter wird sie wegen Eisbruchgefahr geschlossen.

Bahn/Bus: Bahn nach Garmisch-Partenkirchen, Ortsbus zum Olympiastadion

Auto: A 95 und B 2 Richtung Mittenwald bis Garmisch-Partenkirchen. Vor dem Ortsende rechts zum Olympiastadion bzw. zur Eckbauernbahn; großer Parkplatz

Übernachtung: Günstig und in Toplage ist das einfache Hostel »Haus der Athleten« unweit der Skisprungschanze (www.hostelgarmischa.com).

Einkehr: Gasthof Wamberg, Gasthof Eckbauer, Hanneslabauer und Kaiserschmarrn-Alm liegen an der Strecke.

Information: www.gapa.de

22 ● Leicht    10 km   🛆 20 Hm   🕒 2.30 Std.

Rund um die Osterseen
Wanderung mit Badespaß

Die Osterseen zählen zu den schönsten Geotopen in Bayern – kein Wunder, dass sie unter Naturschutz stehen. Das Gebiet besteht aus zahlreichen größeren und kleineren, sogar namenlosen Seen, die sich südlich von Seeshaupt bis nach Iffeldorf verteilen.

Schilfgras wogt im Sonnenlicht, türkisblaues Quellwasser steigt zur Oberfläche empor, und knorrige Bäume strecken ihre Äste über die Seeflächen hinweg – auf wunderschönen Wegen tauchen wir tief ein in das Naturschutzgebiet mit seiner artenreichen Flora und Fauna.

Einzigartiges Biotop Die Osterseen sind Überbleibsel der Eiszeit. Als sich die Gletscher zurückzogen, blieben gewaltige Eisblöcke liegen. Durch das Schmelzwasser wurden sie teilweise mit Gesteinsschutt bedeckt. Man rechnet, dass es nochmals gut 1000 Jahre dauerte, bis diese Eisreste geschmolzen waren. Zurück blieben offene, mehr oder weniger große Wasserflächen, die wir heute Toteisseen nennen. Unter Naturschutz gestellt, hat sich bei Iffeldorf ein einzigartiges Biotop entwickelt, in dem man viele Insekten, Amphibien und Vögel beobachten kann. Überdies können wir im Sommer während der Wanderung an zahlreichen Stellen direkt ins Wasser hüpfen – ein Luxus, den wir uns ruhig gönnen dürfen.

Am Westufer zur Blauen Gumpe Vom Wanderparkplatz in Iffeldorf wandern wir geradeaus auf dem Sträßchen weiter und folgen stets der Rundwegbeschilderung. Das dichte Schilf entlang des Wegs zeigt, wie feucht der Untergrund ist. Einer Teerstraße, auf die wir kurz danach treffen, folgen wir nach rechts. Gleich 50 Meter weiter können wir rechts einen kurzen Abstecher zum See und zur Blauen Gumpe machen. Vom Steg aus kann man in den tiefen Quelltrichter am Seegrund schauen, aus dem Grundwasser bester Qualität austritt. Wenn es windstill ist, sieht man deutlich die stete Strömung des emporquellenden Wassers. Ihren Namen hat die Quelle von der bläulichen Färbung

Im Herbst leuchten die Wälder rund um den See besonders schön.

Bäume spiegeln sich im dunklen Wasser.

Iffeldorf liegt malerisch an den Osterseen und vor den Bergen.

des klaren Wassers, das sich von dem moorbraunen Seewasser deutlich unterscheidet. Solche Quellen gibt es überall in diesen Seen; ihr kühles, sauerstoffhaltiges Wasser trägt wesentlich zum Erhalt ihres ökologischen Gleichgewichts bei.

Der Kleine Fuchs liebt die Osterseen.

Wertvolles Brutgebiet Wir gehen zur Abzweigung zurück und wandern weiter Richtung Lauterbach (beschildert). Autos stören hier kaum, die Straße ist nur für Anlieger freigegeben. Vor dem Gut Schwaig nehmen wir rechts den Lauterbacher Seeweg und wandern, jetzt wieder auf ungeteerter Straße, zuerst durch den Wald und dann über Weidewiesen. Hier bietet sich ein schöner Blick auf den See mit seinen Inseln und Buchten.

Am Parkplatz der privaten Herzklinik Lauterbacher Mühle treffen wir auf eine Teerstraße, der wir nach rechts folgen. Links von der Straße wachsen alte Eichen und Buchen, rechts öffnet sich der Blick erneut zum See, der mit seinem breiten Schilfgürtel zu einem wertvollen Brutgebiet für viele Vögel geworden ist. Dass man diese Zone, ein Naturschutzgebiet, auf keinen Fall betritt, ist selbstverständlich!

Finale am Ostufer Bald können wir an einem Rastplatz die Straße verlassen und rechts auf einen Wanderweg einbiegen, der uns ans Ostufer bringt. Ein kurzes Stück folgen wir nun dem Bahndamm der Strecke Tutzing–Penzberg. Bald öffnet sich der Wald, und im Hintergrund tauchen Blomberg, Zwiesel und Benediktenwand auf. Ein wenig haben wir inzwischen an Höhe gewonnen, so sehen wir den Ostersee mit seinen Buchten und Inseln vor uns glitzern. Wir sind nun in der Nähe von Gut Aiderbichl, das wir mit einem Abstecher besuchen können. Schön ist natürlich auch die Badestelle am See. Das Schild »Rundweg Ostersee« weist uns am zweiten Feldweg wieder den Weg zum Wasser. Jetzt geht es immer am Seeufer entlang. An der beschilderten Abzweigung folgen wir dem Rundweg Nr. 5 in Richtung Fohnsee und queren über eine Brücke den Wasserlauf,

Der kleine Waschsee bei Iffeldorf, einer der vielen Osterseen

der Fohn- und Staltachersee miteinander verbindet. Wir sind nun am Campingplatzgelände, das wir auf dem Hauptweg durchqueren. So erreichen wir eine weitere schöne Badestelle und das Restaurant Waldhaus, das auch als Fohnseestüberl bezeichnet wird. Danach folgen wir dem Fohnseeweg in die Osterseestraße hinein. Das letzte Stück geht es zwischen den Häusern und dem kleinen Sengsee hindurch und unterhalb der St.-Vitus-Kirche zum Ausgangspunkt zurück.

✓ Nicht versäumen

Direkt an den Osterseen gibt es den bekannten Gnadenhof für Tiere, das Gut Aiderbichl Iffeldorf. Hier leben mehr als 300 gerettete Tiere in Frieden. Ein Besuch ist nicht nur sehr informativ, sondern dient auch dem Unterhalt des Projekts (www.gut-aiderbichl.com).

✓ Hier geht's lang

Ausgangs- und Endpunkt: Wanderparkplatz in Iffeldorf

Tourencharakter: Recht sonnige Halbtageswanderung auf gut beschilderten Wanderwegen mit kaum Steigungen. Badesachen im Sommer nicht vergessen!

Bahn/Bus: Mit der Bahn Richtung Garmisch bis Haltestelle Iffeldorf/Staltach, dann Wanderung von dort starten und zum See hinuntergehen

Auto: A 95 bis Ausfahrt Penzberg, dort rechts, dann links über die Gleise nach Iffeldorf. Den Ort fast ganz durchqueren und am Kriegerdenkmal rechts zum großen Wanderparkplatz

Übernachtung: Im Hotel-Landgasthof Osterseen in Iffeldorf erwacht man mit Blick auf die Seenlandschaft und genießt eine ausgezeichnete bayerische Küche (www.landgasthof-osterseen.de).

Einkehr: Der kleine Kiosk »Seemadames« am Wanderparkplatz hat nichts mit einem klassischen Kioskbetrieb gemein: Es gibt liebevoll zubereitete Speisen und fantasievolle Getränke. Unbedingt ausprobieren, aber zuvor die Öffnungszeiten überprüfen (im Sommer nur bei Regen oder Sturm geschlossen; www.dieseemadames.de). Als gute Alternative bietet sich auch das Restaurant Vitus neben der Kirche an.

Information: www.iffeldorf.de

23 • Schwer  9,8 km  1330 Hm  5.30 Std.

Auf den Wendelstein
Oberbayerische Landmarke

Unbekannt ist der Wendelstein sicherlich nicht, denn neben der Zugspitze ist er wohl einer der am besten erschlossenen Berggipfel der Bayerischen Alpen. Vom Gipfel genießt man eine wunderschöne Fernsicht, und wer sich die Mühe macht, zu Fuß hinaufzusteigen, erlebt auch Einsamkeit und Ruhe.

Bekannt, ja nahezu berühmt ist der Wendelstein bis weit ins Alpenvorland hinein. Mit seinem felsigen Gipfelaufbau, den zwei niedrigeren Nebengipfeln Soinwand und Hochsalwand und den Antennen auf seinem Haupt ist er eine weithin sichtbare Landmarke. Der Gipfel garantiert einmalige und beeindruckende Rundumblicke, aber auch die Wendelsteinhöhle und den Geopark sollte man einmal gesehen haben.

Schnell und einfach hinauf Zur Popularität des Wendelsteins hat vor allem die älteste Zahnradbahn Bayerns beigetragen, die, 1912 von Otto von Steinbeis erbaut, von Brannenburg aus durch Tunnel und über Steilstrecken den unterirdischen Bergbahnhof erreicht. Seit 1970 hat sich zu ihr eine Kabinenseilbahn gesellt, die von Osterhofen zum Plateau unterm Gipfel fährt. Die beiden Bergbahnen sind die einfachste Methode, auf den Berg zu gelangen. Am Plateau unterhalb des Gipfels steht das ehemalige Wendelstein-Hotel. Gleich daneben liegt das Panorama-Restaurant und etwas oberhalb ein toller Naturholz-Spielplatz mit der überdimensionalen Klettersklulptur »Gams« – ein Eldorado für Kinder. Für Eltern stehen Ruheliegen bereit.

Kirche und Höhle am Gipfel Vom Gasthaus sind es nur wenige Schritte zur Aussichtskanzel »Gacher Blick«. Der Weg zum Gipfel schlängelt sich steil, aber bestens gesichert hinauf. Oben stehen die Anlagen des Bayerischen Rundfunks, die ehemalige Bergwetterwarte und ein Observatorium. Die Aussicht ist wunderschön und lässt uns bis weit hinein in die Zentralalpen schauen. Natürlich besuchen wir auch die kleine Kirche – sie ist Rekordhalterin, denn auf 1730 Metern gelegen, ist sie die höchste Kirche Deutschlands.

Die Wendelstein-Seilbahn schwebt von Osterhofen aus zum Gipfel.

Die Mailalm am Weg zum Wendelstein

Zu Fuß Der kürzeste Fußweg startet von Bayrischzell; alternativ führt eine schöne Route von Fischbachau über die Wallfahrtskirche Birkenstein und die Spitzingalmen zum Gipfel. Für diese Aufstiege muss man mindestens vier Stunden einplanen.

Der für uns schönste Weg beginnt in Brannenburg. Das ist zwar die längste, aber dadurch auch die einsamste Route. Dafür startet man an der Talstation der Zahnradbahn in Brannenburg. Die gut ausgeschilderte Strecke führt entlang des neu angelegten Kunst-Themenwegs. So geht es vorbei an der Kirche St. Margarethen über Aipl zur Mitteralm, wo wir übrigens in die Zahnradbahn steigen könnten, falls uns der Aufstieg zu viel wird. Über die Reindlalm wandern wir dann links zur Zellerscharte hinauf und erreichen mit einem letzten Bergaufschwung den Wendelsteingipfel. Für den Rückweg gönnen wir uns dann die Zahnradbahn.

✓ Nicht versäumen

Die Wendelsteinhöhle neben der Zahnradbahn können wir ohne Führung durchwandern. Der Höhlenweg windet sich teils breit, teils sehr schmal durch den Berg und endet 82 Stufen tiefer in einer Halle, dem Dom. Für diese einzigartige und höchstgelegene Schauhöhle Deutschlands benötigen wir eine warme Jacke.

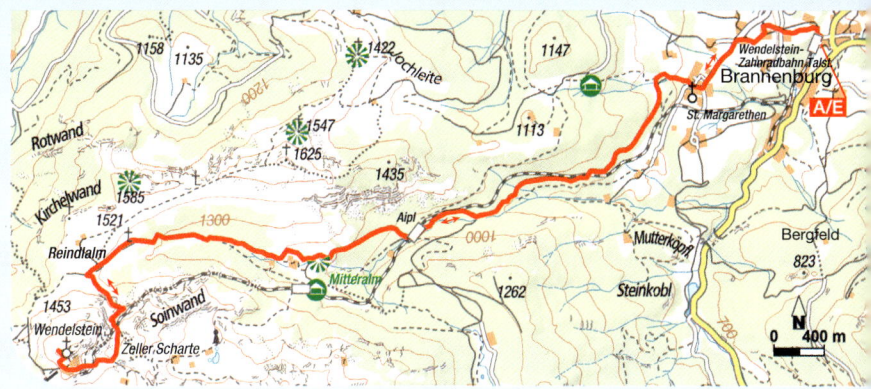

✓ Hier geht's lang

Ausgangs- und Endpunkt: Brannenburg, Talstation der Wendelstein-Zahnradbahn

Tourencharakter: Technisch einfache, aber lange und anstrengende Bergtour, die doch einiges an Kondition fordert. Es ist empfehlenswert, den Abstieg mit Hilfe der Zahnradbahn zu bewältigen.

Bahn/Bus: Mit dem Zug nach Brannenburg, dann entweder zu Fuß auf der aufgelassenen Bahntrasse in 30 Min. zur Talstation oder mit dem Bus der Wendelstein-Ringlinie (Mai–Okt.)

Auto: A 93 bis Ausfahrt Brannenburg, weiter Richtung Brannenburg und von dort Richtung Bayrischzell/Sudelfeldstraße. Die Talstation der Zahnradbahn ist ausgeschildert.

Übernachtung: Mitten in Brannenburg liegt das kleine Gästehaus Rössler mit überragendem Frühstück und sehr persönlichem, nettem Service sowie einem angeschlossenen Café (www.cafe-roessler.de).

Einkehr: Unterwegs die Mitteralm und im Gipfelbereich das Wendelsteinhaus. Das Gipfelrestaurant einschließlich der Terrasse ist übrigens ebenerdig zugänglich und nach einem Umbau verbreitert worden – mit Hilfe der Zahnradbahn eine einzigartige Möglichkeit für körperlich eingeschränkte Personen, zu einem tollen Bergerlebnis zu kommen.

Information: www.wendelsteinbahn.de

24 ● Leicht 14,5 km 20 Hm 4.30 Std.

Uferwanderung am Chiemsee
Grandioses »Bayerisches Meer«

Das ist die klassische Chiemsee-Wanderung – nirgendwo sonst erlebt man den Chiemsee so unmittelbar und vielfältig. Sie führt immer wieder dicht am Ufer entlang und schenkt uns grandiose Ausblicke über das Wasser. Bei der Rückfahrt mit dem Schiff gönnen wir uns noch einen Spaziergang über die Fraueninsel.

Möwen begleiten uns auf dem Weg.

Inselglück Drei Inseln liegen im Chiemsee: die Herreninsel, die Fraueninsel und die unbewohnte Krautinsel. Am schönsten ist die Fraueninsel mit ihren malerischen Fischerhäusern und der altehrwürdigen Abtei der Benediktinerinnen. Den guten Geist, der bis heute von diesem Kloster ausgeht, kann man ebenso wie die jahrhundertealte Geschichte überall auf der Insel spüren.

Über die Schafwaschener Bucht Wir beginnen unsere Wanderung an der Schiffsanlegestelle im Priener Ortsteil Stock und gehen auf der Uferpromenade zum See. Dort beginnt der Chiemsee-Uferweg, der uns bis Gstadt führen wird. Beim Blick über den See auf die Herreninsel sehen wir durch eine große Schneise auf der Insel das Königsschloss. Unser Weg führt durch den breiten Schilfgürtel des Sees, der durchwegs als Landschaftsschutzgebiet ausgewiesen ist. Wir passieren die Fischräucherei Winklfischer und kommen zur »Fischhütte«, beides einfache

✔ **Darum einzigartig**

Dieser wohl schönste Wegabschnitt entlang des Chiemsees ist eine einzigartige Symphonie von Licht, Wasser, Farben und Weite. Schilf wiegt sich im Wind, und zwischen Wasserblau und Himmelsazur stehen am Horizont die grünen Chiemgauer Berge.

Löwenzahnblüte Anfang Mai an der Schwafwaschener Bucht

Fischgaststätten, die aber unglaublich guten und absolut fangfrischen Fisch bieten. Bei der »Fischhütte« führt der Weg links vom See weg, aber kurz darauf wandern wir wieder parallel zum Seeufer über den verlandeten Seegrund. Auf einer hohen Brücke überqueren wir zuerst einen Seitenarm der Prien und dann auf der nächsten Brücke den Hauptarm. Die Prien hat hier eine große Landzunge angeschwemmt. Diese schiebt sich so weit in den Chiemsee hinein, dass nördlich davon die Schafwaschener Bucht entstanden ist. Vorbei an dem beliebten Badestrand mit seinem Kiosk führt unser Weg weiter nach Norden, und wir erreichen in Schafwaschen den Gasthof Seehof.

Am Nordufer   Dort folgen wir für ein kurzes Stück der Fahrstraße Rimsting–Seebruck nach rechts, dann beginnt ebenfalls nach rechts wieder der Chiemsee-Rundweg. Am Ende der Schafwaschener Bucht passieren wir die private Halbinsel Sassau und kurz darauf in Kailbach ein paar Fischerhäuser.

Wenig später geht es, immer am Uferweg bleibend, um die Halbinsel Urfahrn. Bei der Mühlner Bucht kommen wir nach Breitbrunn. Dort können wir uns entscheiden, ob wir für das letzte Stück nach Gstadt dem Uferweg treu bleiben oder zur Abwechslung über den Höhenweg gehen. Beide Wege sind einmalig schön.

Von Gstadt treten wir die Überfahrt zur Fraueninsel an.

Unsere Wanderung endet in Gstadt, wo wir für die Rückfahrt Tickets der Chiemsee-Schifffahrt lösen und zur Fraueninsel übersetzen.

Spaziergang auf der Fraueninsel Egal, ob wir die Fraueninsel nach rechts oder nach links umrunden – alle Wege führen zur Abtei der Benediktinerinnen, die ihren historischen Ursprung im ausgehenden 1. Jahrtausend hat. Wahrscheinlich ist das Kloster eine Gründung des Bayernherzogs Tassilo III. Die prominenteste Persönlichkeit des Klosters ist jedoch nicht der Gründer, sondern Irmengard (831–866), die Tochter König Ludwig des Deutschen. Sie kam 857 auf die Insel und brachte das Kloster nicht nur zur Blüte, sondern prägte sich durch ihr Wirken so tief in die Herzen der Menschen ein, dass sie heute noch, inzwischen selig gesprochen, als Patronin des Chiemgaus gilt. Ansonsten gibt es nichts Schöneres, als einfach zwischen den Fischerhäusern und den bunten Gärten über die Insel zu bummeln. Hier sind es die kleinen Details, die vielen malerischen Winkel und die netten Lokale, die uns immer wieder aufs Neue bezaubern. Von der Fraueninsel kehren wir mit dem Schiff zurück nach Prien.

✓ Nicht versäumen

Die Chiemsee-Maler waren Anfang des 20. Jhs. ein Begriff in der Kunstwelt. Sowohl im Gasthaus Zur Linde als auch beim Inselwirt auf der Fraueninsel findet man noch Bilder von ihnen in der Wirtsstube, mit denen sie wohl einst ihre Zeche bezahlten. Die meisten Bilder der Malschule sind im Heimatmuseum Prien ausgestellt; es bietet einen hervorragenden Überblick über zwei Jahrhunderte Kunst am Chiemsee.

Ausgangs- und Endpunkt: Prien, Bootsanlegestelle

Tourencharakter: Einfache, aber längere Wanderung, größtenteils auf Wegen, die auch von Radfahrern genutzt werden. Wenig Schatten. Rückfahrt mit den Chiemsee-Schiffen, Zwischenstopps auf Frauen- und Herreninsel möglich. Auch im Winter machbar. Im Sommer viele Bademöglichkeiten. Mückenschutz nicht vergessen!

Bahn/Bus: Mit der Bahn nach Prien und von Mai–Sept. mit der historischen Schmalspurbahn nach Stock zur Bootsanlegestelle (sonst mit dem Bus)

Auto: A 8 bis Ausfahrt Bernau/Prien, nach Prien und im Ortszentrum auf der Seestraße nach Stock zur Bootsanlegestelle; große Parkplätze

Übernachtung: Das Hotel Chiemsee-Panorama liegt ruhig direkt am Seeufer in Gstadt und bietet – nomen est omen – einen absolut grandiosen Blick über den See (www.chiemseepanorama.de).

Einkehr: Gasthaus Seehof in Schafwaschen, Haus am See bei Urfahrn, viele Gasthäuser in Gstadt und auf der Fraueninsel

Information: www.prien.de; www.chiemsee-schifffahrt.de

25 ● Leicht    8 km   ▲ 200 Hm   🕐 2.45 Std.

Zur Fischunkelalm
Im Angesicht des Watzmanns

See oder Berge? Im Berchtesgadener Land bei Schönau ist beides möglich. Rund um den dunkelblauen Königssee stehen felsige Berggipfel, darunter das gewaltige Watzmann-Massiv. Die Natur gleicht einer wilden Inszenierung – ein Genuss, den man unbedingt einmal erleben muss!

Die berühmte Postkartenansicht von St. Bartholomä

Das Gesamtpaket macht diese Wanderung zu etwas Einzigartigem: die Magie der Farben, die Ober- und Königssee märchenhaft verzaubern, gepaart mit der imposanten Bergwelt im Nationalpark Berchtesgadener Land.

Gewaltige Urlandschaft Das Berchtesgadener Land ist eine der schönsten Regionen Deutschlands, eine Urlandschaft mitten im dicht besiedelten Bayern. Fast von überall ist der Watzmann das zentrale Motiv in der Landschaft. Er ist einer der Berge, die Legenden hervorbringen und er hätte einen Platz in diesem Buch verdient – allerdings ist seine Besteigung für den normalen Wanderer nicht zu schaffen. Aber natürlich wollen wir dem Watzmann so nahe als möglich kommen, und das können wir mit einer Schifffahrt über den Königssee – der Blick über die Wallfahrtskirche St. Bartholomä auf die Watzmann-Ostwand ist legendär. Wobei St. Bartholomä gar nicht unser eigentliches Ziel ist. Wir steigen erst an der Bootsanlegestelle Salet aus. Wichtig dabei: Früh aufstehen lohnt sich, denn nur so können wir die Natur in Ruhe genießen.

Salet und Obersee In Salet angekommen, folgen wir zunächst noch dem Uferweg am Königssee entlang, bis er sich am Gasthof Saletalm nach Osten wendet. Über

Das Wasser am Hintersee leuchtet spektakulär.

Morgennebel über dem Königssee

ein feuchtes Wiesengebiet geht es leicht ansteigend hinauf zum Obersee. Und den erreichen wir mit einem Aha-Effekt: Die Morgensonne leuchtet hinter der Landtalwand hervor und erhellt das einsame Bootshaus. Aber das Schönste ist das Wasser selbst: Die Farbenpracht ist unbeschreiblich und legendär.

Zur Fischunkelalm Nach rechts folgen wir nun dem Ufer und müssen uns nicht von den wechselnden Farbspielen des Wassers losreißen. Unser Weg führt an der Walchhüttenwand ein paar Höhenmeter hinauf. Dann geht es wieder abwärts, und wir erreichen die Fischunkelalm. Hoffentlich hat die Sennerin so früh am Morgen ihren Ausschank schon geöffnet. Wenn der Besucherstrom größer wird, ist es Zeit zu gehen oder noch einen Abstecher zum Röthbach-Wasserfall zu unternehmen – er ist Deutschlands höchster Wasserfall.

Der Rückweg verläuft auf dem Hinweg. Wer Lust hat, kann auf der Rückfahrt noch einen Stopp in St. Bartholomä einlegen.

✓ Nicht versäumen

Absolut sehenswert ist das neu gestaltete Museum Haus der Berge in Berchtesgaden. Modern, interaktiv und spannend vereint es perfekt das Informationszentrum des Berchtesgadener Nationalparks mit einem Bildungszentrum und Erlebnisgelände (www.haus-der-berge.bayern.de).

✔ Hier geht's lang

Ausgangs- und Endpunkt: Schönau am Königssee

Tourencharakter: Kurze, aber sehr beliebte und stark frequentierte Wanderung auf gut ausgeschilderten Wanderwegen und Bergpfaden. Auf halbem Weg ein kleiner An- und Abstieg z. T. über Stufen entlang einer seilversicherten Felswand. Für die Tour benötigt man ein Ticket der Königssee-Schifffahrt.

Bahn/Bus: Mit der Bahn bis Berchtesgaden, mit dem Bus nach Schönau

Auto: A 8 bis Ausfahrt Bad Reichenhall und über Berchtesgaden nach Schönau am Königssee. Großer Parkplatz vor dem Ort, zu Fuß 10 Min. zur Anlegestelle der Königssee-Schifffahrt

Übernachtung: Modern und vor allem auf Sportler und junges Publikum eingestellt ist das chillige Explorer-Hotel Berchtesgadener Land, das zusätzlich mit bezahlbaren Preisen punktet (www.explorer-hotels.com/berchtesgaden). Für Urlaub auf dem Bauernhof ist das Gästehaus Mitterweinfeld bestens geeignet (www.mitterweinfeld.de).

Einkehr: Gasthaus Saletalm, Mooskaseralm und Fischunkelalm (nur in den Sommermonaten bewirtschaftet, wenn die Alm bestoßen ist)

Information: www.berchtesgaden.de

MEHRTAGESTOUR +++ MEHRTAGESTOUR +++ MEHRTAGESTOUR

Am Maximiliansweg

Am Maximiliansweg

Auf dem Herzogstand stehen wir am Maximiliansweg auch einmal über den Wolken.

MEHRTAGESTOUR +++ MEHRTAGESTOUR +++ MEHRTAGESTOUR

Am Maximiliansweg
Ein durchwegs königlicher Weg

Der Maximiliansweg ist der »König« unter den Weitwandertouren, und das nicht nur, weil er vor mehr als 160 Jahren zum ersten Mal von einem König begangen wurde. Von Lindau nach Berchtesgaden verlaufend, führt er durch die schönsten Berglandschaften in den Bayerischen Alpen.

Der königliche Weitwanderweg führt über die schönsten Bergkämme, Grate und Gipfel in den Bayerischen Alpen. Er schenkt uns auf der gesamten Strecke nicht nur unglaubliche Fernsichten, sondern lässt uns die Berge in ihrer einzigartigen Vielfalt mit einladenden Hütten, grünen Bergseen, blühenden Almwiesen, rauschenden Gebirgsbächen und knorrigen Bergbäumen erleben.

Traditionsbewusster König Kein Geringerer als König Maximilian II. von Bayern legte die Strecke im Jahr 1858 zurück. Wobei man ehrlicherweise sagen muss, dass er meist am Fuß der Berge unterwegs war, z. T. auch in der Kutsche – nur, wenn ihn seine Jagdleidenschaft trieb, bestieg er auch Gipfel. Diese fast fünf Wochen andauernde königliche Reise hatte einen Grund: Als Herrscher war er lange bei seinen Untertanen unbeliebt, sie sahen in ihm den Regenten, der sein Land zu sehr den (protestantischen) Einflüssen aus dem Norden Deutschlands öffnete. Mit zahlreichen Reisen durch sein Land suchte er diesem entgegenzuwirken. Er selbst war nämlich sehr heimatliebend, förderte das bayerische Nationalgefühl und unterstützte Trachten, Bräuche und Volksmusik – und trug selbst gern Trachtenjanker und Lederhosen bei seinen Wanderungen und auf der Jagd.

Zwei Varianten Als Maximilian das Voralpenland durchquerte, glich dies eher einer Expedition als einer gemütlichen Wanderung. Wir sind keine Könige, und so können wir die Schönheit des Voralpenlands und seine Kultur in vollen Zügen genießen. Der Weg bietet wirklich alles, was man sich von einer Berglandschaft wünscht: im Tal Dörfer oder Märkte, die noch viel von ihrer alten Schönheit bewahrt haben; in mittleren Höhenlagen Almen, von denen sich manche in Berggasthöfe verwandelt haben; und ganz oben Berggipfel, die jeder erfahrene Bergwanderer auch ohne Kletterei besteigen kann – nur einigermaßen schwindelfrei sollte man dort oben schon sein. Wer das nicht ist, braucht dennoch nicht auf den Maximiliansweg zu verzichten, denn es gibt zwei Varianten: Die eine führt über viele Gipfel und fordert Kondition und Schwindelfreiheit, die andere lässt kritische Stellen aus und ist genauso schön und abwechslungsreich, aber eben einfacher.

Schön und dramatisch Alle Etappen des Wegs sind so angelegt, dass sie entweder an einer Alpenvereinshütte oder in einem Talort mit Übernachtungsmöglichkeiten enden. Der Maximiliansweg ist eine Sommertour. Von Mai bis Ende Oktober ist die beste Zeit, ihn zu erwandern, denn dann haben die Berghütten geöffnet. Man sollte aber immer vorher seine Unterkunft reservieren, was ebenfalls für die Quartiere im Tal zutrifft. Und wer den Weg dann einmal begangen hat, der kann mit Recht sagen, dass er die Bayerischen Alpen in ihrer ganzen Schönheit und Dramatik erlebt, erfühlt und genossen hat!

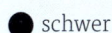 schwer    368 km    12 757 Hm   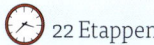 22 Etappen

Ausgangspunkt: Lindau

Endpunkt: Berchtesgaden

Tourencharakter: Der Maximiliansweg ist kein Spaziergang, das beweist schon die Tatsache, dass in 22 Tagen gut 12 000 Hm zu bewältigen sind. Feste Bergschuhe und Kleidung, die auch einem Wetterwechsel trotzt, sind Voraussetzung. Über weite Strecken ist der Maximiliansweg identisch mit dem Europäischen Fernwanderweg E4.

Information: www.alpenverein.de

Am Chiemsee (TOUR 24)

Register

A

Ahorntal 42
Alatsee 78
Allgäu 70
Allgäuer Wandertrilogie 86–89
Altmühltal-Panoramaweg 60–63

B

Bischofsheim 18
Bodenmais 109
Brannenburg 142 f.
Buchberger Leite 114
Burg Falkenstein 102, 104
Burg Rabenstein 42, 46
Burgruine Falkenstein 74, 78

C

Chiemsee 144

D

Detwang 34
Dollnstein 56, 59
Donaudurchbruch 95, 100

E

Eichstätt 56, 58, 62
Eistobel 66

F

Falkenstein 74, 102, 105
Feucht 54
Fischunkelalm 148, 150
Fränkische Schweiz 15, 42
Fraueninsel 144, 146
Freyung 114, 117
Füssen 80, 85

G

Garmisch-Partenkirchen 128, 133
Gerstruben 70, 73
Goldsteig 118–121
Grainau 127
Großer Arber 106, 108

I

Iffeldorf 134, 139
Iphofen 24, 28
Isny 68

K

Kelheim 54, 62, 96, 101
Kirchehrenbach 48, 51
Königssee 148
Kreuzberg 16 ff.

L

Ludwig-Donau-Main-Kanal 52 f.
Lusen 110

M

Mainschleife 20
Maria im Weingarten 22
Maximiliansweg 152–155

N

Naturpark Altmühltal 56, 62
Neuschwanstein 84
Neustadt am Kulm 95

O

Oberstdorf 70, 72
Osterseen 134, 138

P

Prien 145, 147

R

Rauher Kulm 92, 94
Rhön 16
Ringelai 114, 116
Rothenburg ob der Tauber 30, 34

S

Sandberg 16, 19
Schloss Hohenschwangau 80, 82
Schönau 148, 151
Schwanberg 24 ff.
Schwansee 80 f.
Schwarzachklamm 52
Schwarzenbruck 53, 55
Sophienhöhle 45 f.
Staffelberg 36 f., 39, 41

T

Taubertal 30 f.
»terroir f« 26, 28

V

Vierzehnheiligen 36 ff.
Volkach 20 ff.

W

Walberla 48 f.
Walderlebniszentrum Ziegelwies 82
Waldhäuser 113
Weißensee 74, 79
Weltenburg 96, 100
Wendelstein 140

Z

Zirmgrat 74 f.
Zugspitze 124, 127

Impressum

Verantwortlich: Sabine Klingan
Redaktion: Anette Späth
Layout und Umschlag: A flock of sheep, Marcus Taeschner
Titelillustration: Marcus Taeschner, unter Verwendung eines Fotos von shutterstock/kasakphoto
Repro: LUDWIG:media
Kartografie: Bruckmann Verlag GmbH, Heidi Schmalfuß
Herstellung: Bettina Schippel
Printed in Slovenia by Florjancic

Unser komplettes Programm finden Sie unter

Sind Sie mit diesem Titel zufrieden?
Dann würden wir uns über Ihre Weiterempfehlung freuen.
Erzählen Sie es im Freundeskreis, berichten Sie Ihrem Buchhändler, oder bewerten Sie bei Onlinekauf. Und wenn Sie Kritik, Korrekturen, Aktualisierungen haben, freuen wir uns über Ihre Nachricht an J. Berg Verlag, Postfach 40 02 09, D-80702 München oder per E-Mail an lektorat@verlagshaus.de.

Alle Angaben dieses Werkes wurden von den Autoren sorgfältig recherchiert und auf den neuesten Stand gebracht sowie vom Verlag geprüft. Für die Richtigkeit der Angaben kann jedoch keine Haftung übernommen werden, weshalb die Nutzung auf eigene Gefahr erfolgt. Insbesondere bei GPS-Daten können Abweichungen nicht ausgeschlossen werden. Sollte dieses Werk Links auf Webseiten Dritter enthalten, so machen wir uns die Inhalte nicht zu eigen und übernehmen für die Inhalte keine Haftung.

In diesem Buch wird aus Gründen der besseren Lesbarkeit das generische Maskulinum verwendet. Weibliche und anderweitige Geschlechteridentitäten werden dabei ausdrücklich mitgemeint, soweit es für die Aussage erforderlich ist.

Empfehlung der Redaktion: Sie sind auf der Suche nach weiterführender Literatur? Dann empfehlen wir Ihnen den Titel »Wandergeheimtipps in den Bayerischen Hausbergen« von Lisa und Wilfried Bahnmüller. Oder Sie werfen einen Blick in die Zeitschrift »BERGSTEIGER«. Hier werden Sie bestimmt fündig.

Bildnachweis: Alle Bilder im Innenteil und auf der Umschlagrückseite stammen von den Autoren.

Die Deutsche Nationalbibliothek verzeichnet diese Publikation in der Deutschen Nationalbibliografie; detaillierte bibliografische Daten sind im Internet über http://dnb.d-nb.de abrufbar.

2., überarbeitete Auflage
© 2022, 2020 J. Berg Verlag in der Bruckmann Verlag GmbH, Infanteriestraße 11a, 80797 München

ISBN: 978-3-86246-672-6